ADIÓS A LOS MITOS DE LA INNOVACIÓN:

UNA GUÍA PRÁCTICA PARA IMPLEMENTAR LA INNOVACIÓN EN AMÉRICA LATINA

MARIO MORALES
ANGÉLICA LEÓN

innovare

ADIÓS A LOS MITOS DE LA INNOVACIÓN:
UNA GUÍA PRÁCTICA PARA IMPLEMENTAR LA INNOVACIÓN EN AMÉRICA LATINA

Mario Morales y Angélica León

Morales, Mario.
ADIÓS A LOS MITOS DE LA INNOVACIÓN: Una Guía Práctica para Implementar la Innovación en América Latina. Mario Morales y Angélica León.
ISBN 9780989283212

1. Innovación 2. Creatividad

Diseño de portada
Ariel Arburola y Carlos Redondo

Diseño interno y diagramación
Jeffrey Muñoz

Ilustraciones del capítulo 7
Luis Demetrio Calvo

RECOMENDACIONES PARA
ADIÓS A LOS MITOS
DE LA INNOVACIÓN

"En un solo libro encuentro prácticamente todo lo que necesito para empezar a innovar y tengo una guía completa, en vez de hacer un gran esfuerzo por juntar teorías y herramientas de muchos artículos o libros para llegar a algo que sea útil."

Hernán Castellanos
Coordinador de Innovación de BAC Credomatic,
Honduras

"Me parece práctico y útil, sencillo y con un enfoque de innovación del día a día, a diferencia de enfoques teóricos que pueden ser difíciles de aterrizar."

María Cristina Córdova
Consultora Senior y Socia
en Katharsis, Colombia

"Me gusta el libro, sobre todo por la visión tan práctica que tiene, desde la lógica de un consultor con experiencia. Muchos ejemplos interesantes y se nota que el autor sabe de lo que habla. Eso no abunda en el mercado."

Amalio Rey
Fundador y Director de
eMOTools, España

"La elocuencia y sencillez con que está redactado es uno de los puntos altos del libro, como si el consultor me estuviera hablando directamente. Muy simple, muy práctico y con excelentes consejos."

María Alexandra Sancho
Gerente de Innovación de
DEMASA,
Costa Rica

"El libro da una guía completa de la innovación en América Latina, siendo el pionero en nuestra región."

Geovanny Romero
Managing Director en NPD
Strategy, México

A mis hijos, mi esposa y mi familia, que son mi inspiración
para innovar todos los días.

Mario Morales

Para mi madre y Lina, pilares de creatividad
sin límite de años.

Angélica León

estrategia de innovación

PRESENTACIÓN

La decisión de escribir este libro fue sencilla. Desde hace mucho tiempo, en Innovare habíamos notado el vacío de información que persiste sobre la innovación aplicada al entorno latinoamericano, y sentíamos un gran entusiasmo por compartir nuestra experiencia como consultores.

No queríamos leer más historias de éxito de Apple, Google, Amazon y el resto de sospechosos usuales. ¿Dónde estaban los testimonios de emprendedores peruanos, mexicanos, guatemaltecos...?

Nos decidimos a erradicar muchos de los mitos que rodean el tema, para que las empresas dejen de percibir la innovación como un concepto difuso, casi esotérico, y la puedan implementar en la práctica usando metodologías probadas.

Pero, ¿por dónde empezar?

Nuestro objetivo era enfocar energías en los puntos críticos, aquellos que despiertan más interés entre los ejecutivos que enfrentan el reto de innovar en sus empresas. Así que tomamos la decisión de preguntarles abiertamente cuáles eran sus principales dudas sobre el tema, y alrededor de esas preguntas estructuramos los contenidos del libro.

Por término de dieciocho meses, fuimos publicando los capítulos en el blog oficial del proyecto. Habilitamos la opción de descarga para que la gente pudiera enviarnos su realimentación, ya fuera a modo de críticas, sugerencias o correcciones. Posteriormente vino la ardua tarea de seleccionar los aportes más enriquecedores, y trabajar en una versión final que se ajustara a la visión que nos trazamos desde el inicio.

El resultado es un libro original, 100% enfocado en la realidad latinoamericana, lleno de ejemplos, consejos prácticos y herramientas para ayudarle a implementar la innovación en su empresa.

Si usted necesita innovar y apenas está iniciando el viaje, queremos que este libro se convierta en una guía indispensable para alcanzar el éxito. Si, por el contrario, su empresa es una veterana en el tema, el libro le permitirá comparar sus esfuerzos con las mejores prácticas implementadas por otros colegas latinoamericanos, y detectar oportunidades para optimizar sus esfuerzos de innovación.

Estamos seguros de que se va a identificar con muchas de las situaciones descritas en cada capítulo, porque describen la realidad de nuestras propias organizaciones.

Después de todo, lo que usted tiene entre manos es un libro escrito por y para los ejecutivos de América Latina, que ven en la innovación el motor para construir mejores empresas, y desde luego, mejores sociedades.

Feliz lectura,

Mario Morales Rodríguez

1

INTRODUCCIÓN

¿Por qué necesitan innovar las empresas de América Latina? ■

¿Qué significa innovación en la práctica? ■

¿Cuáles beneficios puede obtener mi empresa de la ■
innovación?

¿Cómo se le puede vender la innovación a la ■
alta gerencia de la empresa?

¿Puede una empresa desarrollar la capacidad para innovar ■
sistemáticamente?

¿POR QUÉ NECESITAN INNOVAR
LAS EMPRESAS DE AMÉRICA LATINA?

El tema de la innovación viene tomando cada vez más importancia para los países, las empresas y las personas.

- Para los países, es un factor esencial en el desarrollo económico, la generación de empleo y el mejoramiento de la calidad de vida de sus habitantes.

- Para las empresas, es una herramienta que les permite diferenciarse, tener una ventaja sobre sus competidores, aumentar las ventas, reducir los costos y atraer colaboradores talentosos.

- Para las personas, la innovación es una forma de superarse, de desarrollar su potencial y de mejorar su satisfacción en el trabajo. Hace que la vida no se convierta en una rutina, sino que siempre exista la posibilidad de hacer cosas nuevas, mejores y diferentes.

Sin embargo, no todas las regiones del mundo han asumido el reto de innovar con el mismo sentido de urgencia. América Latina, que representa nuestro entorno inmediato, muestra un rezago histórico en innovación, ciencia y tecnología, lo que la sitúa en una difícil posición para competir y mantenerse a la vanguardia en mercados cada vez más competitivos.[1]

Basta con observar el avance a nivel global en los conocimientos y las metodologías para sistematizar la innovación, y al mismo tiempo, el retraso que existe en América Latina en torno a estas herramientas.

Si no hacemos algo al respecto, nuestros países y nuestras empresas van a seguir perdiendo competitividad, y pronto será demasiado tarde para reaccionar.

---

1 "América Latina rezagada en innovación, ciencia y tecnología", Revista América Economía, 19 de octubre de 2012. http://www.americaeconomia.com/politica-socie-dad/sociedad/america-latina-rezagada-en-innovacion-ciencia-y-tecnologia

La siguiente tabla nos muestra cómo se ubican diferentes países latinoamericanos en el ranking mundial en innovación según el **World Economic Forum**[2]. Le invitamos a identificar la posición de su país, y a pensar por un momento qué están haciendo usted y su empresa para ser más innovadores.

Si nos adentramos en el análisis, las cifras son impactantes: sólo el 2% de la inversión mundial en investigación y desarrollo tiene lugar en los países latinoamericanos y caribeños. En conjunto, invierten menos que un solo país asiático: Corea del Sur.

■ ■ ■

Cuando hicimos la convocatoria en línea para conocer las inquietudes de la gente con respecto a la innovación, la primera pregunta no tardó en llegar:

¿Por qué necesita innovar mi empresa?

Luego de diez años de brindar consultoría en toda América Latina, en Innovare podemos afirmar que la mayoría de las empresas que inician procesos de innovación lo hace por alguna de las siguientes razones:

2 The Global Competitiveness Index 2011-2012 © 2012 World Economic Forum

País	Posición en Innovación (de 142 países en total)
Brasil	35
Costa Rica	36
Chile	42
Panamá	54
México	55
Colombia	56
Guatemala	63
Uruguay	65
Trinidad y Tobago	76
Argentina	77
Guyana	87
Perú	89
Honduras	90
Ecuador	103
El Salvador	106
Bolivia	107
República Dominicana	109
Surinam	122
Paraguay	125
Venezuela	128
Nicaragua	129
Belice	131
Haití	139

1. La necesidad de diferenciarse de la competencia.

2. La presión o ambición de hacer crecer su negocio.

3. La necesidad de generar ideas radicales y de mayor impacto.

4. La necesidad de sobrevivir o de reinventar el modelo de negocios.

5. El deseo de gestionar o sistematizar la innovación.

Mientras exploramos cada una de estas necesidades de innovación en casos de América Latina, le invitamos a reflexionar sobre cuál se acerca más a la realidad de su empresa. ¡Adelante!

1. La necesidad de diferenciarse de la competencia

En 2011, una empresa dedicada a la compra de medios publicitarios en Centroamérica nos contactó porque su industria se había convertido en un "océano rojo"[3]. En palabras de sus propios ejecutivos, la oferta de servicios había caído en la categoría de commodity, es decir, servicios con muy poca diferenciación que dan paso a una guerra de precios entre los competidores.

Si a ello sumamos la crisis económica mundial, que tanto afectó a la industria publicitaria, no es de extrañar que los márgenes de la empresa se redujeran de forma dramática. Paralelamente, los clientes se mostraban más exigentes y demandaban mayores niveles de servicio a un menor precio, mientras que nuevos jugadores, como las agencias de publicidad, estaban empezando a ofrecer los mismos servicios.

Ante esta situación, la reacción de los ejecutivos fue contundente: **"Necesitamos reinventarnos. Evolucionamos o morimos".**

La empresa inició entonces un proceso de innovación con el propósito de diferenciarse de la competencia, y encontrar nuevas oportunidades para volver a crecer de manera rentable.

---

3   Se utiliza "océano rojo" para referirse a una industria donde todas las empresas compiten por precio y terminan matándose unas a otras en una guerra sangrienta. El término se introdujo en el libro "La Estrategia Océano Azul" (2005), de los profesores W. Chan Kim y Renée Mauborgne.

Fue así como logró identificar un nuevo segmento de mercado (empresas medianas), en donde pudo ofrecer sus servicios a través de un modelo de negocios renovado, con márgenes de utilidades superiores a los de su mercado actual. La empresa también logró reinventar su negocio principal para ofrecer productos de mayor valor agregado a sus clientes.

Esta necesidad por diferenciarse, agregar valor y no caer en la trampa de la guerra de precios es constante en la mayoría de las industrias con las que hemos trabajado.

2. La presión o ambición de hacer crecer su negocio

En 2012, una empresa mexicana que se dedica a la producción y venta de cerámicas y loza sanitaria, nos buscó porque tenía la visión de que sus unidades de negocios vendieran un total de US$700 millones para el año 2016.

En aquel momento, la empresa vendía alrededor de US$500 millones con su portafolio de productos, lo que implicaba crecer US$200 millones en los siguientes cuatro años.

El problema es que las ventas de la empresa crecían apenas al 4%. A ese ritmo, vendería aproximadamente US$585 millones para el 2016.

La empresa no tenía en su portafolio ningún nuevo producto o negocio que pudiera contribuir a cerrar esa brecha de US$115millones, de manera que puso en marcha un proceso de innovación con un solo objetivo en mente: producir un portafolio de nuevos negocios para alcanzar sus metas de crecimiento.

Después de iniciar un proceso de búsqueda de oportunidades para crecer, esta compañía logró identificar cuatro nuevas plataformas[4] o dominios de crecimiento en mercados adyacentes, con el potencial de contribuir con más de $150 millones a las metas de ventas para los próximos años.

---

4   Una plataforma de crecimiento no es un producto aislado, sino una familia de productos que le permiten a la empresa extender sus capacidades a nuevos mercados para hacer crecer su negocio.

Al igual que esta empresa, muchas organizaciones ven la innovación como la herramienta que les va a permitir desarrollar nuevos productos, servicios y negocios para alcanzar sus metas de ventas, en mercados afectados por la crisis económica mundial, o porque su negocio principal ya no tiene muchas oportunidades de crecer.

3. La necesidad de generar ideas radicales y de mayor impacto

Un banco que opera en Colombia, Centroamérica y México había iniciado un programa para gestionar la innovación tres años antes de contactarnos.

La empresa contaba con un software para capturar y evaluar las ideas de los colaboradores, y estaba muy satisfecha al haber creado una cultura de innovación en donde todo el personal sentía que sus ideas tenían la oportunidad de ser escuchadas.

Gracias al software, se capturaban alrededor de 5 mil ideas al año de una población de 15 mil colaboradores distribuidos en 8 países. Sin embargo, la calidad de las ideas dejaba mucho que desear.

Lo que el banco realmente buscaba eran ideas radicales para impactar los resultados financieros del negocio, y lograr que un 5% de las utilidades de cada año proviniera de los proyectos de innovación.

El paso siguiente fue implementar metodologías de innovación avanzadas, con equipos multidisciplinarios de colaboradores para identificar y desarrollar ideas de mayor potencial. El resultado fue un aumento dramático en la calidad de las ideas y en su potencial para impactar en el negocio.

De forma similar, muchas empresas buscan la innovación cuando sus programas de mejora continua no producen las mejoras radicales que exige la estrategia de la empresa, o cuando lanzar extensiones de línea (nuevos colores o nuevos sabores) no es suficiente para alcanzar las metas de ventas.

En síntesis, cuando hacer más de lo mismo no genera los resultados diferentes que requiere el negocio.

4. La necesidad de sobrevivir o de reinventar el modelo de negocios

Hay casos en los que el nivel de cambio que enfrenta una organización es tan alto, que la única opción de sobrevivencia es reinventar el negocio. Así le sucedió a un periódico en Suramérica, que veía con mucha preocupación cómo otros periódicos alrededor del mundo estaban cerrando sus puertas ante la tendencia de los lectores de consumir las noticias por Internet.

Frente a estas circunstancias, los ejecutivos de la empresa veían en la innovación la herramienta que les permitiría reinventarse para evitar la crónica de una quiebra anunciada.

Luego de iniciar un proceso de innovación, este periódico diseñó una nueva estructura que le ha permitido bajar significativamente sus costos de operación, y creó un nuevo modelo de negocios basado en Internet para hacerle frente al "tsunami" que está azotando a su industria.

Con el ritmo acelerado de cambio que impera los negocios y en la sociedad, innovar se vuelve indispensable para mantener a las empresas relevantes. Industrias como la música, las agencias de viajes, los periódicos, las imprentas, las tarjetas de crédito, la televisión y la publicidad, entre muchas otras, se han visto en la necesidad de reinventarse ante la ola de cambios que producen las nuevas tecnologías.

5. El deseo de gestionar o sistematizar la innovación

Muchas compañías que son percibidas por el público como muy innovadoras y líderes en sus industrias, se nos han acercado para decirnos que desean sistematizar sus esfuerzos de innovación para ser más competitivas. Tal es el caso de un cliente que confesaba: "Nosotros innovamos, pero lo hacemos de forma desorganizada, al chispazo. Nos gustaría mejorar la tasa de éxito de nuestros proyectos".

A pesar de que estas empresas ya poseen un historial de innovación, se muestran decididas a mejorar su desempeño y la intensidad con la que innovan. Los ejecutivos nos manifiestan sus inquietudes:

- "Deseamos tener una metodología que nos permita innovar de forma repetible, medible y escalable".

- "No estamos satisfechos con el tiempo que tardamos en lanzar nuevos productos al mercado".

- "Un porcentaje muy bajo de nuestras ventas viene de productos que lanzamos en los últimos tres años y queremos aumentarlo".

- "Deseamos tener herramientas para mejorar nuestro conocimiento del consumidor y para identificar más oportunidades de innovación".

- "Aunque hemos innovado en algunos departamentos, como en Investigación y Desarrollo, buscamos que la innovación se vuelva parte de la cultura y el ADN de toda la organización".

■ ■ ■

Luego de analizar los cinco casos anteriores, ¿con cuáles de estas necesidades se identifican usted y su empresa?

- La necesidad de diferenciarse de la competencia.

- La presión o ambición de hacer crecer su negocio.

- La necesidad de generar ideas radicales y de mayor impacto.

- La necesidad de sobrevivir o de reinventar el modelo de negocios.

- El deseo de gestionar o sistematizar la innovación.

■ ■ ■

Independientemente de la razón que justifique iniciar el viaje de la innovación, cada vez son más las empresas que ven la innovación como una de sus prioridades estratégicas.

La siguiente tabla le ayudará a diagnosticar, junto con su equipo de trabajo, el sentido de urgencia que debería mostrar su empresa por la innovación:

Necesidad por diferenciarse de la competencia: ¿Es cada vez más difícil para su empresa diferenciar sus productos o servicios de los de la competencia? ¿Están los márgenes de su empresa deteriorándose porque sus competidores ofrecen los mismos productos o servicios a un precio más bajo?	Baja	Media	Alta
Deseo por crecer: ¿Tiene su empresa metas de crecimiento para los próximos 3 a 5 años que son muy difíciles de alcanzar con el portafolio actual de productos, servicios y negocios? ¿Ha dejado de crecer su negocio principal y necesita buscar nuevas oportunidades o espacios de crecimiento?	Baja	Media	Alta
La necesidad de generar ideas radicales y de mayor impacto: ¿Son las ideas de su empresa muy incrementales o de bajo impacto económico o estratégico? ¿Desea mejorar la calidad de sus ideas?	Baja	Media	Alta
Necesidad de sobrevivir: ¿Se están transformando las reglas del juego en su industria y usted necesita hacer algo realmente diferente para sobrevivir? ¿Se ha vuelto obsoleto el modelo de negocio de su empresa y necesita reinventarse para no morir?	Baja	Media	Alta
Deseo por sistematizar: ¿Siente que su empresa innova de forma inconsistente («al chispazo») y le gustaría sistematizar un proceso de innovación continua? ¿Son sus tiempos de desarrollo y lanzamiento de productos (*time to market*) muy altos?	Baja	Media	Alta

Si usted ha marcado las casillas Media o Alta en uno o varios puntos, le recomendamos no darse el lujo de seguir postergando la innovación en su negocio.

¿QUÉ SIGNIFICA INNOVACIÓN EN LA PRÁCTICA?

Se ha encontrado que uno de los mayores obstáculos para implementar la innovación en una empresa es que cada persona tiene una idea muy diferente de lo que significa innovar.

Esto ocasiona que la innovación se convierta en algo místico e intangible, que a la gente le cuesta llevar al plano real. Sin una clara definición, los esfuerzos por implementarla tienden a desenfocarse y a ser inconsistentes.

Por ese motivo, nos dimos a la tarea de recopilar algunos de los mitos más comunes sobre el tema. Aprender a reconocerlos y erradicarlos será clave en su objetivo de operacionalizar la innovación, y hacerla parte del trabajo diario de todas las personas que conforman la organización.

Mito #1:
Innovación es igual a creatividad

A menudo las personas confunden las palabras *innovación* y *creatividad*, asumiendo que son lo mismo. Examinemos la diferencia:

Creatividad significa <u>pensar</u> nuevas ideas.

Innovación significa <u>implementar</u> una nueva idea para crear valor.

Una persona puede ser muy *creativa*, es decir, tener muchas *ideas*, pero no ser *innovadora*. Para que una idea se convierta en innovación es necesario *hacerla realidad*, cambiar los procesos de trabajo, lanzar un nuevo producto al mercado antes que la competencia, llevar nuestros productos al consumidor por nuevos canales y obtener los beneficios de la idea.

Mito #2:
Innovación es igual a mejora continua

En general, se habla de tres grados de innovación: incremental, radical y transformacional.

- *Innovación incremental*: Se refiere a pequeños cambios que mejoran lo que ya existe. Es lo mismo que la mejora continua.

- *Innovación radical*: Se refiere a cambios significativos a lo que ya existe.

- *Innovación transformacional*: Se refiere a cambios que transforman completamente lo que ya existe.

En la siguiente tabla se muestran varios ejemplos para cada grado de innovación:

Grado de Innovación	Automóvil	Máquina de escribir	Ventas
Incremental	Un nuevo modelo de automóvil / Un nuevo sistema de frenado ABS vs tambor	Un nuevo modelo de máquina de escribir	Vender en las afueras de la ciudad en vez de en el centro / Incorporar nuevas rutas de venta
Radical	Automóvil híbrido propulsado por hidrógeno / electricidad	La máquina de escribir eléctrica	Vender usando distribuidores en vez de vendedores propios
Transformacional	Usar el automóvil en vez del caballo	Usar la computadora en vez de la máquina de escribir	Vender a través de Internet o medios electrónicos

Todos los grados de innovación son importantes. Las empresas deben aspirar a crear una cultura en donde cada colaborador busque pequeños problemas en su área de trabajo, y se sienta motivado a generar soluciones. Muchas veces las ideas más simples son las que producen los mejores resultados.

Las innovaciones radicales o transformacionales son más difíciles de alcanzar. Sin embargo, la práctica nos ha enseñado que son las que tienen el potencial de traer las mayores ventajas competitivas a las empresas.

Mito #3:
Innovación es lanzar nuevos productos

Tradicionalmente, las empresas entienden la innovación solamente como el desarrollo de nuevos productos, pero esta visión limita el alcance e impacto que se puede lograr.

En Innovare preferimos ver la innovación de forma más amplia y explorar los diferentes tipos que existen para beneficio de la empresa. Ya profundizaremos en este tema más adelante.

Mito #4:
Innovación es igual a tecnología

Cuando le contamos a la gente que trabajamos en innovación, por lo general la asocian con nuevas tecnologías: desarrollo de software o innovación tecnológica. Esto no es correcto. Si bien la innovación tecnológica es importante, no necesariamente debe tomarse como sinónimo de tecnologías de información y comunicación (TICs). Hay ideas muy simples que no requieren tecnologías informáticas para su implementación.

■ ■ ■

Para nosotros la innovación se puede resumir en la siguiente fórmula:

$$\text{INNOVACIÓN} = \text{Oportunidad} \times \text{Creatividad} \times \text{Ejecución} = \text{Nuevo Valor}$$

Esto significa que la innovación se consigue al identificar una oportunidad, al generar ideas creativas para aprovecharla, y finalmente, al implementar esas ideas para producir nuevo valor a la empresa.

El valor que produce una innovación puede ser económico o social. Al valor económico nosotros le llamamos "la caja registradora". En una empresa con fines de lucro, si una innovación no hace sonar la caja registradora, no merece llamarse innovación.

"

"Si la innovación no hace sonar la caja regis-
tradora, no merece llamarse innovación."

Usamos el signo de multiplicación porque si cualquiera de estos elementos es cero, el producto será cero. Es decir, sin oportunidad, sin
creatividad o sin ejecución, no puede haber innovación.

Veamos el ejemplo de una innovación de la empresa Rethink en Chile.

SAVIAGRAPES®
ALWAYS FRESH

La oportunidad	Las uvas que Chile exportaba a Europa no llegaban en las mejores condiciones y tenían una corta vida útil en el supermercado. Como consecuencia, los consumidores opinaban que les gustaría un producto más fresco.
La idea creativa	SaviaGrapes creó un dispositivo que contiene un gel que simula la savia de las uvas. Este se pega al racimo en el momento de cortarlo y mantiene un flujo de nutrientes hacia las uvas, que les permite conservar su sabor, textura y calidad hasta por 90 días, como si todavía estuviera pegado a la planta. Así, la uva aumenta su valor comercial en los diferentes destinos.
¿Por qué es única y difícil de replicar?	SaviaGrapes es una idea que usa la biotecnología para retardar el proceso de descomposición de la uva una vez cortada, y la mantiene "viva" de forma orgánica y natural. Los fundadores tenían conocimiento en preservación de flores y lo aplicaron al campo de la conservación de frutas. La idea está protegida con una patente.
Creación de valor	En el 2008 Rethink logró que un inversionista corporativo invirtiera US$1,5 millones en la empresa e introdujo a SaviaGrapes en mercados como Estados Unidos, con autorización de la FDA (Food and Drug Administration). Otros países líderes en la materia, como Israel y Nueva Zelanda, están muy interesados en esta innovación.

Siguiendo nuestra definición de innovación, podemos ver que los fundadores de Rethink primero encontraron una oportunidad, que podía resumirse en: "¿Cómo podemos extender la vida de la uva para que llegue fresca a los mercados internacionales?"

Luego generaron una idea creativa: simular la savia de las uvas para mantener viva la fruta mientras se transporta. Finalmente, implementaron su idea haciendo pruebas, diseñando un dispositivo que pudiera adherirse al racimo de uvas y comercializándolo en el mercado.

Un criterio clave al innovar es preguntarnos si lo que estamos haciendo realmente es único y difícil de replicar, porque de nada sirve innovar si no se puede "blindar" de la competencia.

¿Está su innovación blindada de la competencia?

Una vez trabajamos con una cadena de supermercados y su Gerente de Innovación nos comentaba que uno de los productos más innovadores y de mayor venta ese año era una bebida en polvo con sabor a horchata.

Ese mismo año, tuvimos la oportunidad de preguntar a la empresa fabricante cómo se le había ocurrido la idea. Nos contaron que habían visto a un competidor lanzar el producto en un mercado pequeño y decidieron copiar la idea. Tras un breve análisis de factibilidad, en menos de tres meses habían lanzado el producto a toda Centroamérica.

La moraleja de esta historia es doble.

Primero, para el fabricante que triunfó: no vale la pena discutir si la idea vino de adentro o si se copió de otro mercado. Lo importante es quién supo comercializarla exitosamente para hacer sonar la caja registradora.

Segundo, para el fabricante que originalmente introdujo la idea de una bebida en polvo con sabor a horchata: de nada sirve innovar si uno no puede blindar su idea de ser copiada por la competencia.

Viajemos ahora a Brasil para ver cómo la empresa 24x7 Cultural innovó al utilizar un novedoso canal de distribución para vender libros.

La oportunidad	La empresa 24x7 Cultural, una casa editorial en Brasil, deseaba incrementar la venta de libros y se preguntaba cuáles otras ocasiones de consumo podría crear para que la gente leyera más. La empresa vio la oportunidad de vender libros en lugares poco usuales para satisfacer a las personas que usualmente no visitan las librerías y buscan una distracción durante sus viajes.
La idea creativa	24x7 Cultural innovó al adaptar máquinas expendedoras de gaseosas para vender libros 24 horas al día, los 7 días a la semana, en las estaciones del metro. La mayoría de los libros cuestan menos de US$2.30 e incluyen traducciones de Sherlock Holmes, Paulo Coelho, cursos de Excel e incluso un diccionario de matemática.
¿Por qué es única y difícil de replicar?	24x7 Cultural es la única empresa que vende libros a través de este novedoso canal de distribución. Para la mayoría de los competidores sería muy difícil vender libros con márgenes tan bajos. La empresa posee una ventaja competitiva, ya que al producir sus propios libros tiene grandes economías de escala.
Creación de valor	Esta empresa vende alrededor de 10 mil libros mensuales a través de más de 40 máquinas de libros, ubicadas en Sao Paulo y Rio de Janeiro, y está instalando más máquinas por todo Brasil.

Como se puede extraer de este ejemplo, la innovación no necesariamente implica la creación de un nuevo producto. En 24x7 Cultural, el producto de la empresa era el mismo (libros), pero la empresa innovó en un nuevo canal de distribución y en un nuevo momento de consumo, que le permitió aumentar las ventas de sus productos.

Algunas personas podrían argumentar que 24x7 Cultural no innovó, porque las máquinas para vender alimentos ya existían desde hace mucho tiempo. Nosotros insistimos en que sí lo hizo, porque nadie había usado esas máquinas para vender libros en Brasil, y 24x7 Cultural supo aprovecharlas para hacer sonar su caja registradora.

Muchos ejecutivos tienen la idea errónea de que innovar significa crear algo totalmente nuevo, que no exista en ninguna parte del mundo. Bajo esta premisa, para innovar uno tendría que descubrir la cura del cáncer, o inventar la próxima Viagra.

Este enfoque convierte la innovación en algo misterioso y muy difícil de alcanzar para las empresas, e ignora que muchas veces la innovación también puede consistir en copiar ideas que ya existen en otros mercados y adaptarlas al mercado actual, como fue el caso de la bebida de horchata.

Por eso, en Innovare recomendamos utilizar criterios más amplios. Un ejemplo es la siguiente guía práctica o checklist, que ayuda a identificar si una idea es innovadora.

¿Es algo nuevo y diferente que le produce valor al cliente o a la empresa?	☐
¿Sorprende al cliente y cambia sus expectativas sobre lo que es posible?	☐
¿Permite obtener una ventaja competitiva?	☐
¿Le da mayor valor a la marca?	☐
¿Aumenta la lealtad del cliente?	☐
¿Rompe paradigmas o cuestiona el status quo?	☐
¿Está blindado a ser copiado por la competencia?	☐
¿Está alineado con la estrategia de la empresa?	☐
¿Aumenta las ventas o reduce los costos de la empresa (rentabilidad)?	☐
¿Es sostenible con el medio ambiente o tiene un impacto social positivo?	☐

Entonces, ¿en dónde se puede innovar?

Retomando lo dicho en el mito #3, innovar no se trata únicamente de desarrollar nuevos productos. Esta idea equivale a pintar un cuadro usando un solo color. A nosotros nos gusta pensar en la innovación de una forma más amplia y atractiva, casi como un arcoíris.

El arcoíris de la innovación, por tanto, considera 12 colores o tipos diferentes de innovación que se clasifican en categorías. Las categorías y sus respectivos tipos de innovaciones son:

Categoría de innovación	Tipo de innovación	Lo que significa
Nuevas formas de producir	Procesos	Una nueva forma de hacer un proceso que lo hace más rápido, más barato o más efectivo.
	Tecnologías	Una nueva tecnología que permite mejorar los procesos o productos de la empresa. Incluye las tecnologías de la información (TICs).
Nuevas propuestas de valor	Productos	Un nuevo producto que el mercado nunca ha visto antes.
	Servicios	Un nuevo servicio que el mercado nunca ha visto antes.
	Marcas	Una nueva forma de agregar o expandir el valor de las marcas de la empresa.
Nuevas formas de entregar	Canales de distribución	Una nueva forma de hacer llegar los productos o servicios a los clientes.
	Canales de comunicación	Una nueva forma de comunicarse con los clientes, aliados o empleados.
	Ocasiones de consumo	Crear un nuevo momento o lugar en que se consume el producto o servicio. Por ejemplo, para un alimento, venderlo al desayuno cuando antes solo se vendía para el almuerzo.

Nuevos clientes y experiencias	Segmentos	Alcanzar a un nuevo cliente con los productos o servicios actuales.
	Experiencias	Una nueva forma de hacerle ver, probar y sentir el producto o servicio a los clientes.
Nuevos modelos de negocios	Modelos de negocios	Una nueva forma de definir precios, de cobrar o de hacer dinero.
	Aliados estratégicos	Una alianza estratégica con otra empresa que permite ofrecer al mercado algo nuevo que ninguna empresa podría hacer por sí misma.

Toda empresa debe definir primero en cuál tipo de innovación enfocará sus esfuerzos. A medida que avancemos en el libro, daremos más detalles sobre cómo emplear esta clasificación.

¿Aún no sabe si necesita innovar? Aplique la siguiente prueba ácida

Todas las empresas tienen retos para alcanzar sus metas de negocios.

Si los ejecutivos de su empresa saben perfectamente qué hacer para solucionar esos retos de negocios, entonces su empresa no necesita innovar. Tan solo debe aplicar la solución que ha sido exitosa en el pasado o en otra industria en la que los ejecutivos han tenido experiencia.

Cuando usted tiene la certeza de que su mercado no cambiará en los próximos años, o su organización está trabajando a máxima capacidad para satisfacer una enorme demanda, tampoco es necesario innovar.[5]

Por el contrario, si su equipo siente que hacer más de lo mismo no le permitirá alcanzar la meta o resultados que anda buscando, o

5   Para conocer más situaciones donde no se recomienda innovar, le sugerimos visitar el siguiente enlace: http://www.innovationmanagement.se/2012/04/24/21-situations-when-you-should-not-innovate

que está atorado con un problema al cual no le encuentra solución, entonces su empresa necesita innovar.

Una empresa que disfruta por tiempo suficiente las mieles del éxito, difícilmente estará pensando en innovar… por ahora. Sin embargo, en un mundo que cambia de forma impredecible y dramática, donde la vida útil de los productos y las estrategias competitivas se acorta día con día, donde los límites de las industrias se están borrando y las nuevas tecnologías cambian las reglas del juego constantemente, no le recomendamos permanecer mucho tiempo en la zona de confort.

De acuerdo con nuestra experiencia, las empresas y personas que han tenido éxito tienden a estancarse, y cuando se sienten cómodas, les empieza a disgustar el cambio. El paso inevitable es caer en complacencia, o dicho de otro modo, "dormirse en los laureles". Y ahí es cuando siempre aparecerá alguien más rápido, más ágil o con más ambición para ver la oportunidad de hacer las cosas de modo diferente.

Lo hemos visto repetirse industria tras industria, empresa tras empresa, cuando llega el momento en que el CEO despierta y se da cuenta de que un competidor con más hambre le ha robado sus clientes.

¿CUÁLES BENEFICIOS PUEDE OBTENER MI EMPRESA DE LA INNOVACIÓN?

Con el propósito de inspirarle a iniciar su viaje de la innovación y ayudarle a visualizar los beneficios que puede obtener con ella, analicemos el caso de Natura, una de las empresas más innovadoras de América Latina.

Natura es un fabricante de origen brasileño, pionero en el sector de los cosméticos, fragancias y productos de higiene personal, con operaciones en siete países de América Latina y en Francia.

Los líderes de esta empresa han hecho de la innovación una de sus prioridades estratégicas, tal como lo expresan en su visión de la innovación:

"

En nuestra esencia se encuentra la búsqueda continua de mejoras. Nosotros creemos que al perseguir constantemente la innovación, promoveremos el desarrollo de los individuos, nuestra organización y la sociedad. Creemos en un concepto amplio de la innovación, donde esta permea todas las áreas del negocio, nuestra ciencia y tecnología, nuestros conceptos y productos nuevos, nuestras estrategias de negocio, nuestros sistemas de administración y relaciones externas."

Natura ha creado una visión compartida sobre la innovación, a lo largo y ancho de la compañía, y ha diseñado una infraestructura organizacional adaptada a dicho objetivo. Esa visión contribuye a que la innovación sea una prioridad alta para cada empleado y para su cadena de abastecimiento, incluyendo grupos de productores rurales.

Así, Natura se transformó en uno de los mayores inversionistas en investigación y desarrollo de Brasil, contribuyendo a realizar innovaciones muy rentables en el uso de recursos naturales, por nombrar un ejemplo.

La innovación le ha permitido a Natura hacer crecer sus ventas durante los últimos cinco años a una tasa anual de 73%, un crecimiento con el que muchas empresas de la región (y el mundo) apenas se atreven a soñar.

A continuación le mostramos algunos indicadores clave de la innovación en Natura, donde destaca que el 67.2% de las ventas proviene de productos lanzados en los últimos dos años[6]. ¡Simplemente asombroso!

	2007	2008	2009	2010	2011	2012
Índice de innovación (*)	56.8%	68.8%	67.6%	65.7%	64.8%	67.2%
Productos lanzados	183	123	113	191	168	104
Inversión en innovación (% de las ventas)	2.9%	2.8%	2.6%	2.8%	2.7%	2.5%

(*) Ventas provenientes de productos lanzados en los últimos dos años

Estos resultados son clara evidencia de la gente y los procesos que Natura ha puesto en marcha para garantizar que las innovaciones no sean producto del azar. Más bien, son el resultado de un enfoque sistemático y disciplinado, que involucra mentes creativas y talentosas (dentro y fuera de la empresa), y procesos gerenciales para su gestión.

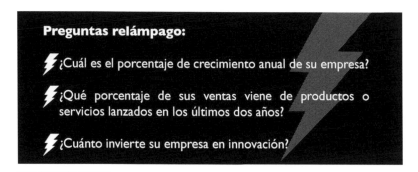

Preguntas relámpago:

⚡ ¿Cuál es el porcentaje de crecimiento anual de su empresa?

⚡ ¿Qué porcentaje de sus ventas viene de productos o servicios lanzados en los últimos dos años?

⚡ ¿Cuánto invierte su empresa en innovación?

6   Informe anual a los accionistas de Natura correspondiente a 2012: http://natura. infoinvest.com.br/enu/4234/Citi_AnnualLatinAmericaConference_March_2012_v1.pdf

En resumen, una empresa que ha sistematizado la innovación tendrá mayores niveles de crecimiento y contará con una ventaja competitiva sobre sus rivales. Sus clientes serán más leales, atraerá gente más talentosa a la empresa, así como mejores proveedores y aliados estratégicos con quienes hacer negocios. Tendrá una cultura que promueva la adaptación constante al cambio, y la velocidad para aprovechar las oportunidades.

¿Se atreve usted a iniciar el viaje de la innovación en su empresa?

¿CÓMO SE LE PUEDE VENDER LA INNOVACIÓN A LA ALTA GERENCIA DE LA EMPRESA?

La mayoría de los directivos actuales comprende que la empresa que no innova se queda rezagada en un abrir y cerrar de ojos. Además, la crisis económica nos hizo recordar lo importante que es innovar para asegurar la supervivencia del negocio.

No obstante, muy pocos ejecutivos saben cómo ponerla en práctica, o no la tienen dentro de sus prioridades. Es nuestro pan de cada día recibir inquietudes de colaboradores que reflejan esta situación: "Yo sé que la innovación es importante para la competitividad y la supervivencia de mi empresa, pero, ¿cómo le vendo la idea al Gerente General?"

Desarrollar una capacidad sostenible de innovación continua tiene que ser forzosamente un proceso liderado por el más alto nivel de la empresa. Sin el involucramiento y el compromiso total de la alta gerencia, no hay posibilidad de que la empresa adquiera la capacidad de innovar con el ritmo y la consistencia que los tiempos demandan.

Por lo tanto, para vender la innovación a la alta gerencia le recomendamos utilizar un lenguaje que sea música para sus oídos: los números.

A continuación, le presentamos una plantilla de correo electrónico que sin duda le será de mucha utilidad para que la Gerencia General de su empresa decida abordar el tren de la innovación:

New Message

To: Gerencia General

Cc:

Subject: Necesidad de innovación

Estimado jefe:

Debido a la presión que tenemos de: [seleccione la(s) que aplique(n)]

☐ Hacer crecer nuestras ventas
☐ Diferenciarnos de la competencia para mejorar nuestros márgenes
☐ Satisfacer a clientes más demandantes y menos leales
☐ Adaptarnos a cambios en el entorno y nuevas tecnologías
☐ Transformar la lentitud y resistencia al cambio de nuestra cultura organizacional
☐ Innovar de forma sistemática, en vez de "al chispazo"
☐ Reinventar nuestro modelo de negocios para poder sobrevivir

Nos va a ser muy difícil alcanzar nuestra meta de ventas para el año 20XX y tendremos una brecha de US$_____

Por lo tanto, necesitamos hacer algo diferente, algo que no sea más de lo mismo. Propongo iniciar un programa de innovación que nos permita: [seleccione la(s) que aplique(n)]

☐ Hacer crecer las ventas
☐ Diferenciar nuestros productos de la competencia
☐ Mejorar los márgenes y rentabilidad de la empresa
☐ Aumentar la lealtad de nuestros clientes
☐ Disminuir los costos para ser más eficientes
☐ Sobrevivir
☐ Otro: _____

Esto nos llevará a obtener los siguientes resultados: [agregue una meta]

☐ Incremento de Ventas US$ _____
☐ Reducción de Costos US$ _____
☐ Rentabilidad _____%

Para lograrlo, debemos invertir en proyectos que nos permitan innovar en las siguientes áreas: [seleccione la(s) que aplique (n)]

☐ Nuevos procesos y tecnologías
☐ Nuevos productos y servicios
☐ Nuevas estrategias comerciales
☐ Nuevos canales de distribución y comunicación
☐ Nuevos segmentos u ocasiones de consumo
☐ Nuevas estrategias competitivas o modelos de negocios

Atentamente,

Alguien que desea hacer nuestra empresa más rentable y competitiva.

Adjunto: Capítulo 1 del libro "Adiós a los mitos de la innovación: Una guía práctica para innovar en América Latina"

¿PUEDE UNA EMPRESA DESARROLLAR LA CAPACIDAD PARA INNOVAR SISTEMÁTICAMENTE?

Desde nuestro punto de vista, el dilema de las empresas no es si innovar o no innovar. El verdadero reto es cómo innovar más rápido que la competencia; cómo lograr que la innovación sea un proceso sistemático, en lugar de un acto de azar, una chispa que salta de vez en cuando en la mente del dueño o un gerente visionario, o un esfuerzo heroico de alguna persona.

Si estas personas se van de la empresa, la innovación tiende a decaer. Es decir, la innovación todavía no es una capacidad que se gestiona y sistematiza para mejorar la ventaja competitiva.

De ahí que resulte imperativo asumir la innovación como un proceso crítico de negocios, al igual que las ventas, las finanzas o los recursos humanos, que puede ser planificado, gestionado y medido.

Para desarrollar esa capacidad, y que, además, sea sostenible en el tiempo, hay siete elementos que usted debe tomar en cuenta. Estos son:

- Estrategia
- Procesos
- Métricas
- Estructura
- Talento
- Cultura
- Implementación

Veamos cada uno de estos elementos en mayor detalle y cómo este libro le ayudará a definirlos para su empresa.

Capítulo 2
Estrategia

Muchas empresas se lanzan a innovar sin tener una visión clara de cómo la innovación les ayudará a mejorar su ventaja competitiva.

Para que realmente sea efectiva, la innovación debe alinearse con los objetivos estratégicos de la organización. No se trata de innovar por innovar, si no de innovar para aumentar las ventas o reducir los costos de la empresa. En resumen, mejorar la rentabilidad.

Antes de iniciar un proceso de innovación se debe definir muy concreta y operativamente qué va a significar la innovación para la empresa y en dónde se desea innovar.

Muy pocos libros explican cómo plantear una estrategia de innovación efectiva, de manera que en el capítulo 2 facilitaremos una guía práctica y numerosos ejemplos de cómo lo han hecho empresas de diferentes industrias en América Latina.

Capítulo 3
Procesos

Así como las empresas tienen procesos para las ventas, las finanzas y las compras, igualmente deben tener procesos para la innovación. El objetivo es reducir el tiempo que transcurre entre el momento en que a alguien se le ocurre una buena idea, y cuando ésta se implementa y comercializa para convertirse en dinero.

También hay que dotar a la gente con herramientas prácticas para que puedan innovar en su trabajo diario, organizadas alrededor de las etapas básicas del proceso de innovación.

Si lo anterior le parece muy complicado, no se preocupe, que en el capítulo 3 le mostraremos paso a paso los procesos y herramientas que utilizan las empresas de América Latina para innovar.

Capítulo 4
Métricas

Hemos dicho que si al final del día la innovación no hace sonar la caja registradora, entonces no estamos innovando. Por eso es indispensable definir métricas que permitan evaluar si el proceso de innovación está dando resultados.

Existe una amplia variedad de métricas a disposición de las empresas; lo importante es que les brinden información relevante para mejorar el desempeño de su programa de innovación. Todo esto lo abordaremos con detalle en el capítulo 4, incluyendo ejemplos de métricas que utilizan varias empresas en la región.

Capítulo 5
Estructura

Si la innovación ha sido definida como una prioridad estratégica, es indispensable crear una estructura la haga sostenible en el tiempo. Esta estructura será el "puente" para que las ideas no se pierdan y entren al proceso de innovación.

Debe existir alguien en la empresa que dedique un porcentaje de su tiempo a coordinar la innovación, así como líderes o guías en cada área que promuevan la generación de ideas y ayuden a implementar los proyectos. Sin esta estructura, será muy difícil que la innovación se vuelva parte de la organización.

En el capítulo 5, usted aprenderá cómo diseñar una estructura de innovación, y los roles que debe considerar. También tendrá acceso a casos reales de empresas de América Latina que se han organizado para apoyar sus esfuerzos de innovación.

Capítulo 6
Talento

Las empresas no innovan; innovan las personas. Por ello, es indispensable capacitar y desarrollar en el personal las competencias de la creatividad y la innovación.

En el capítulo 6 discutiremos si los innovadores nacen o se hacen, y qué puede hacer una persona para mejorar su capacidad de generar ideas creativas que germinen en innovación.

Capítulo 7
Cultura

Aunque su empresa cuente con el mejor proceso de innovación del mundo, éste no funcionará si usted no desarrolla una cultura de innovación que lo apoye.

Recuerde que la innovación lleva un riesgo implícito, de modo que su empresa requiere de una cultura que fomente el emprendedurismo, la experimentación y el correr riesgos inteligentes.

El capítulo 7 contiene los elementos clave para crear una cultura innovadora, y un análisis de los principales obstáculos que enfrentamos en las culturas empresariales de América Latina para innovar.

Capítulo 8
Implementación

De acuerdo con nuestra experiencia, uno de los principales retos de las empresas cuando inician el viaje de la innovación es la ejecución. A pensar de tener muchas ideas, les cuesta hacerlas realidad.

La mayoría de los ejecutivos están atrapados en el día a día, en las reuniones, en contestar correos, y no tienen tiempo para dedicarle a los proyectos de innovación.

El capítulo 8 le dará luz sobre el tema de la implementación de las ideas y algunos consejos para que esta etapa no se convierta en impedimento para hacer que la innovación suceda en su empresa.

Capítulo 9
Tendencias de la innovación

¿Desea saber más? ¿Se pregunta cuál es el futuro de la innovación?

Para las almas curiosas hemos preparado el capítulo 9, con las tendencias más relevantes en materia de innovación y cómo se están empezando a manifestar en América Latina.

■ ■ ■

El gráfico adjunto muestra cómo hemos organizado los capítulos según el orden sugerido para implementar la innovación en una empresa.

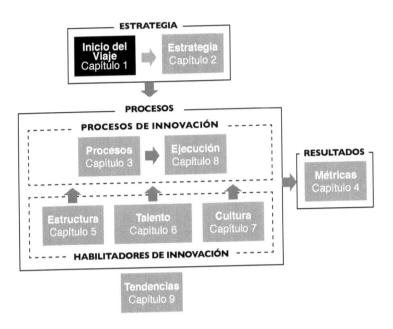

El primer paso es definir la estrategia de innovación, de manera que su empresa tenga claro dónde desea innovar. Luego, se definen los procesos de innovación que le ayudarán a lograr sus metas y las métricas que usará para evaluar los resultados del proceso.

Finalmente, usted debe desarrollar los habilitadores de la innovación (estructura, talento y cultura), que darán apoyo a los procesos. El capítulo de tendencias le ayudará a mejorar la gestión de su proceso de innovación, una vez que su empresa haya madurado en su capacidad para innovar.

Si ya ha decidido iniciar el viaje de la innovación en su empresa, ¡felicidades! Este libro está pensado como una guía práctica para aprender e inspirarse, aprovechando la experiencia de quienes han tomado la delantera en la región.

Le advertimos, eso sí, que este es un viaje hacia lo desconocido, con la posibilidad de obtener grandes triunfos, como algunos tropiezos. La mayor motivación reside al final del camino, en la 'X' que marca el tesoro, donde no solo podrá transformar positivamente su empresa, sino también la vida de millones de personas a través de la innovación.

RESUMEN DEL CAPÍTULO

El tema de la innovación está tomando cada vez más importancia alrededor del mundo para los países, las empresas y las personas. En un planeta que enfrenta cambios acelerados en la economía, los mercados, las preferencias del cliente y las nuevas tecnologías, la innovación se ha convertido en una necesidad de las empresas para mantenerse a la vanguardia.

Las razones que llevan a una empresa a iniciar un proceso de innovación son primordialmente cinco:

1. La necesidad de diferenciarse de la competencia.

2. La presión o ambición de hacer crecer su negocio.

3. La necesidad de generar ideas radicales y de mayor impacto.

4. La necesidad de sobrevivir o de reinventar el modelo de negocios.

5. El deseo de gestionar o sistematizar la innovación.

La innovación consiste en implementar una idea que crea valor. Esta definición se puede resumir en la siguiente fórmula:

INNOVACIÓN
=
Oportunidad
X
Creatividad
X
Ejecución
=
Nuevo Valor

El primer paso es identificar una oportunidad. Luego se generan ideas creativas que permitan aprovecharla y, finalmente, se implementan esas ideas para producirle nuevo valor a la empresa. Si la innovación no produce valor (económico o social), no podemos llamarle innovación.

Si usted desea implementar un programa de innovación exitoso en su empresa, debe contar desde el inicio con el compromiso incondicional de la alta gerencia. Adicionalmente, considere los siguientes siete elementos clave para desarrollar la capacidad de innovar de manera sostenible en el tiempo:

- Estrategia
- Procesos
- Métricas
- Estructura
- Talento
- Cultura
- Implementación

GUÍA PARA LA ACCIÓN

- Identifique las razones por las cuales su empresa necesita innovar y preséntelas al Gerente General de su empresa la próxima semana.

- Reúnase con un equipo de su empresa o departamento y escriba cómo van a definir qué es innovación. Apruebe esta definición y póngala a circular entre todo el personal.

- Haga un inventario de las innovaciones que su empresa ha realizado en los últimos tres años y clasifíquelas en los 12 tipos de innovaciones del arcoíris de la innovación. Luego pregúntese, ¿estamos usando todos los colores del arcoíris? ¿Tenemos una clara estrategia de innovación?

- Si su empresa no cuenta con un programa formal de innovación, reúnase con el gerente y pregúntele si la innovación es una prioridad para su empresa. Si no es una prioridad, discuta por qué. Si es una prioridad, discutan qué van a hacer para iniciar un programa de innovación.

2

ESTRATEGIA

¿Cuáles elementos debe tener una ■
estrategia de innovación?

¿Cómo saber en qué innovar y hacia dónde ■
enfocar los esfuerzos innovadores en una empresa?

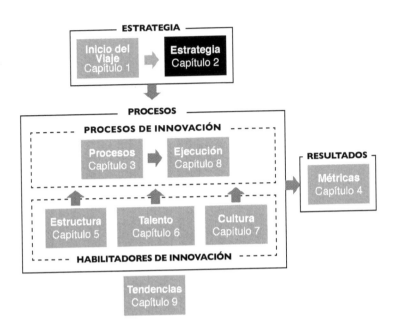

CUÁLES ELEMENTOS DEBE TENER UNA
ESTRATEGIA DE INNOVACIÓN?

E s común encontrar empresas en América Latina que inician programas de innovación, pero cuando se les pregunta sobre su estrategia, resulta que no la tienen.

Carecen de una visión puntual y realista de cómo la innovación les ayudará a crear una ventaja competitiva. Como resultado, la mayoría de estos esfuerzos son vistos por el personal como una moda pasajera y terminan convirtiéndose en el "sabor del mes".

Preste atención a lo que nos comentó un colaborador de una importante empresa de tecnología que iniciaba su proceso de innovación:

❝

La alta gerencia pide que innovemos, pero no nos dice claramente en qué. Le proponemos ideas para mejorar los procesos, pero nos dice que querían ideas de nuevos productos. Le damos ideas de nuevos productos, pero nos dice que las querían para otro segmento de clientes. Al final, no tenemos claro cuáles son los límites para innovar, y nos frustra mucho proponer ideas si luego resulta que no hay presupuesto.❞

Hemos aprendido que cuando el personal de la empresa no tiene claro en dónde se quiere innovar, el tipo de innovación que se persigue, los recursos que se van a invertir, o cómo todo esto se alinea con las metas de la organización, es una receta segura para el fracaso.

Por ello, antes de iniciar un proceso de innovación se debe definir muy concreta y operativamente qué significa la innovación para la empresa y cuál será la estrategia para ponerla en práctica.

Como mencionamos en el capítulo 1, para que la innovación sea realmente efectiva, debe alinearse con los objetivos estratégicos de la organización. Este es un paso crucial, pues aquí se definen los objetivos y focos del programa de innovación. Así, la organización podrá concentrar su energía en oportunidades que la diferencien de la competencia y mejoren la rentabilidad del negocio.

Antes de iniciar cualquier esfuerzo, también es importante determinar cuántos recursos (presupuesto) está dispuesta a invertir la empresa en innovación y calcular cuál puede ser el retorno de esa inversión. Al final, como nos comentaba el gerente de un banco que implementó un programa de innovación en Centroamérica, "hay que ver la innovación como un negocio en sí mismo".

Con base en nuestra experiencia, hemos identificado los siguientes componentes básicos que usted debe definir en una estrategia de innovación:

Elemento	Pregunta	Objetivo
1. Declaración de la importancia de la innovación para la empresa	POR QUÉ	Definir por qué la empresa desea iniciar un programa para sistematizar la innovación.
2. Definición operativa de la innovación	QUÉ	Establecer la definición operativa que se utilizará para evaluar si algo es o no es innovador en la empresa.
3. Establecimiento de una visión de innovación	HACIA DÓNDE	Definir una visión para describir dónde se desea llegar a través de la innovación.
4. Definición de objetivos y metas de la innovación		Definir los resultados específicos y medibles que se esperan alcanzar con la innovación.
5. Establecimiento de los focos de innovación	CÓMO	Determinar de qué manera se piensa enfocar la innovación y alinearla con la estrategia de la empresa.
6. Definición de las campañas masivas de ideas y equipos multidisciplinarios	DÓNDE	Aterrizar cuáles son los esfuerzos de innovación que se van a realizar durante el año.
7. Presupuesto de innovación	CUÁNTO	Definir los recursos que se van a invertir en innovación.

En las siguientes páginas explicaremos cómo se define cada uno de estos elementos en la práctica, con ejemplos muy puntuales de planes de innovación tomados de empresas latinoamericanas a las que hemos dado consultoría.

1. Declaración de la importancia de la innovación para la empresa

Cuando tuve la oportunidad de estudiar un MBA en el INCAE Business School, recuerdo que el primer día nos pidieron anotar en un papel la razón por la cual habíamos decidido internarnos por dos años en el programa de maestría. Al principio aquello me pareció poco valioso. Yo tenía muy claro que quería estudiar para superarme.

Sin embargo, al mes de estar inmerso en el ambiente competitivo del INCAE y con un plan de estudios que exigía estudiar todos los días hasta altas horas de la noche, no podía evitar preguntarme, ¿qué estoy haciendo aquí?

Era entonces cuando recordaba mi meta, y me servía para no perder el norte y seguir adelante.

De manera similar, las empresas que inician programas de innovación deben tener muy claro por qué lo están haciendo. Esto ayuda a que cuando las cosas se pongan difíciles y los primeros obstáculos empiecen a aparecer, puedan recordar por qué iniciaron su viaje de la innovación, con la lucidez estratégica y la motivación para seguir perseverando.

I.

Analicemos ahora el caso de una empresa productora de cemento en un país del Cono Sur, que por muchos años compartió el mercado con otro competidor y había caído en cierta complacencia. La crisis financiera a nivel mundial provocó la caída del sector, lo cual, aunado a la entrada de un tercer competidor al mercado, despertó a la empresa y la obligó a reconocer la urgencia de iniciar un programa de innovación sistemática.

Ellos lo justificaron con la siguiente declaración:

¿Por qué iniciar un programa de innovación?

Luego de un análisis profundo hemos llegado a la conclusión de que si no innovamos, vamos a tener problemas de competitividad en el futuro. La empresa no puede seguir haciendo más de lo mismo.

La única forma de cumplir con nuestra declaración estratégica de incrementar el consumo per cápita de cemento en el país, es a través de la innovación. La innovación debe ser la herramienta que nos haga competitivos en los próximos años.

Desarrollar una cultura de innovación nos va a permitir convertirnos en una empresa con mente abierta, ágil, rápida y valiente para aprovechar las oportunidades que hay en el mercado.

Uno de los elementos a destacar en este ejemplo es que la empresa se fijó una meta altamente retadora. Apuntó a incrementar el consumo per cápita de cemento a 350 kg al año, cuando lo que se estaba consumiendo en el país era 250 kg. Muchas personas habían pensado que la meta definida por la Gerencia General era imposible y que la única forma de alcanzarla sería a través de la innovación. La declaración estratégica se convirtió en la piedra angular para comunicar a los empleados por qué debían innovar.

II.

Durante 2009, el turismo en Costa Rica experimentó una baja que también afectó a la industria de alquiler de automóviles, la cual se había convertido en una categoría "commodity". Es decir, al turista le daba igual alquilar un auto compacto o un 4x4 de cualquier empresa, siempre y cuando obtuviera el menor precio.

Bajo este contexto, Toyota Rent a Car buscaba dar un golpe de timón que le permitiera diferenciarse en el mercado, por lo que inició un proceso para encontrar estrategias realmente innovadoras que se tradujeran en una ventaja competitiva. A raíz de este proceso, la empresa definió la siguiente declaración de por qué deseaba iniciar un programa de innovación.

Al cliente le cuesta diferenciar entre productos y servicios de las diferentes empresas y el valor agregado que cada una ofrece. Esto hace que sea necesario innovar para diferenciarse de los competidores.

- La innovación va a ser una herramienta competitiva que nos va a permitir diferenciarnos de otros.
- La innovación es tan importante que es uno de nuestros valores.
- Dentro de los objetivos estratégicos de 2012 está implementar un proceso para sistematizar la innovación, que ayudara a darles seguimiento.

III.

Veamos ahora el caso del Instituto Nacional de Biodiversidad (IN-Bio), ubicado en Heredia, Costa Rica. El INBio es una organización científica no gubernamental, sin fines de lucro y de interés público, cuyo proceso medular es la generación de conocimiento sobre la biodiversidad, con el objetivo de promover una mayor conciencia de su valor a nivel comercial, educativo, político, y medicinal.

Durante varias décadas había sobrevivido con el apoyo de fondos internacionales, hasta que estos empezaron a mermar y la organización se vio en la necesidad de auto-financiar su operación. Uno de los factores claves para innovar fue la generación de bionegocios, o negocios en donde la biodiversidad permitiera crear riqueza para la sociedad y garantizar la sostenibilidad de la institución.

¿Por qué un programa de Innovación en INBio?

El INBio ha sido una institución innovadora, sin embargo necesitamos fomentar la innovación aún más y que se dé sistemáticamente en la organización, porque de ello depende su sostinibilidad.

Como resultado de sistematizar la innovación existente en la institución, se generarán innovaciones, mejoras en procesos internos y nuevos Bionegocios que contribuyan tanto con la sostenibilidad del INBio, como con su misión de conservar la biodiversidad.

Note cómo cada una de estas organizaciones, en industrias muy diferentes, llegó a la conclusión de que debía convertir la innovación en una de sus prioridades estratégicas para sobrevivir en el futuro, e inició programas para sistematizar sus esfuerzos.

Preguntas relámpago:

⚡¿Por qué razón va a iniciar su empresa un programa o proceso de innovación?

⚡¿Piensa que en su empresa la innovación es «el sabor del mes» o una prioridad estratégica?

⚡¿Comparten todas las personas en su organización el mismo sentido de urgencia hacia la innovación?

2. Definición operativa de la innovación

Una vez que la empresa decide iniciar un programa de innovación y reconoce la importancia de sistematizarla, llegamos al siguiente elemento de la estrategia, que es **definir la innovación**.

Como indicamos al inicio del libro, uno de los mayores obstáculos para implementar la innovación es que cada persona tiene una noción diferente de su significado.

Es importante, entonces, desarrollar una **definición clara y concreta** que toda la organización comparta, de manera que los esfuerzos posteriores sean enfocados adecuadamente.

> *Hay que desarrollar una definición clara y concreta que toda la organización comparta.*

No podemos enfatizar lo suficiente en este punto: las organizaciones deben establecer y comunicar con claridad lo que significa la innovación dentro de ellas. Si una empresa compite en la industria de alimentos, el significado de innovar será totalmente diferente al que le daría un banco.

La definición operativa de innovación permitirá establecer metas, evaluar las ideas y monitorear resultados. Cuando una empresa tiene bien definido el concepto, estará en capacidad de calificar qué es o no una innovación, y tomar decisiones acerca de cuáles ideas tienen verdadero potencial de desarrollo.

En Innovare resumimos de la siguiente forma los beneficios que se obtienen al converger en una definición:

- Dirige a la organización hacia una meta común.
- Da consistencia en todos los niveles cuando se habla de innovación.
- Ayuda a filtrar y seleccionar ideas de forma objetiva.
- Ayuda a que los colaboradores de la empresa sepan dónde enfocarse para generar ideas más innovadoras.

Nuevamente, nos remitimos a ejemplos reales de nuestra experiencia en consultoría para ilustrar este punto.

I.

Mc Donald's Colombia tiene un programa de innovación para que todos los colaboradores de la empresa aporten ideas, y define la innovación de la siguiente manera[7]:

Innovar en McDonald's es trabajar con motivación, proactividad e imaginación para generar experiencias de valor que atraigan y encanten a nuestros clientes internos y externos".

Observe que esta no es la típica definición de un libro de texto, sino que transmite la personalidad de la empresa y su marca, además de que se enfoca en las realidades específicas de la industria de comidas rápidas.

Si usáramos la definición de innovación que aparece en el diccionario, no tendría mucho sentido para la realidad de su empresa:

La innovación es la creación o modificación de un producto y su introducción en un mercado."

Cada empresa debe definir la innovación a su medida. Como se puede apreciar en la definición de Mc Donalds's Colombia, la empresa no

---

7   Fuente: Katharsis, empresa consultora en innovación ubicada en Colombia (www.katharsis.com.co).

hace tanto énfasis en que la innovación va a ser el desarrollo de nuevos productos, ya que al tratarse de una franquicia, la empresa recibe la mayoría de sus productos de su casa matriz.

En contraste, enfoca los esfuerzos de innovación de su gente en generar experiencias que encanten a los clientes. Una buena definición de innovación debe lograr precisamente eso: enfocar los esfuerzos de innovación de los colaboradores de acuerdo con la realidad de la empresa.

II.

Alimentos ProSalud es una empresa líder en la producción y comercialización de atún, sardina y productos del mar en Centroamérica y el Caribe, que ha decidido sistematizar sus esfuerzos para innovar. Define la innovación así:

> *La innovación es la implementación de una idea que le cree valor a la empresa, la cual se puede materializar en un nuevo proceso, producto, servicio, negocio o una nueva forma de hacer las cosas, que:*
>
> **Cumpla alguno de los principios base:**
>
> * Nos da una **ventaja competitiva** en el mercado.
> * Le da mayor **valor a la marca**.
> * Tiene el potencial de elevar las **expectativas del cliente**.
> * Hace crecer la **rentabilidad** del negocio.
>
> **Guía para cumplir los principios base:**
>
> * Ayuda a alcanzar los objetivos estratégicos de la empresa.
> * Aumenta las ventas de la empresa.
> * Reduce los costos de la empresa.
> * Fomenta el desarrollo y la retención de gente motivada, apasionada y de alto desempeño.
> * Mejora la salud y seguridad ocupacional.
> * Es sostenible con el medio ambiente y/o tiene un impacto social positivo.

¿Nota cómo la empresa ha enfatizado en definir la innovación como la implementación de una idea? Esto lo hace con el objetivo de distinguir claramente entre innovación y creatividad. Los colaboradores de esta empresa no podrán decir que innovaron cuando tengan una idea, sino hasta que esta se haya implementado y producido valor a la organización.

Otro aspecto a destacar es que la empresa ha definido varios principios base que deben cumplir sus ideas innovadoras, por ejemplo, otorgar una ventaja competitiva a la empresa, dar valor a la marca, o tener el potencial de elevar las expectativas del cliente.

Este elemento es clave, pues aunque la empresa ya había innovado en el pasado, la mayoría de sus innovaciones fueron incrementales, como agregar un nuevo ingrediente o sabor al atún (pejibaye, orégano, ajo). O sea, nada verdaderamente radical. En este sentido, el gerente general de la empresa quería que la definición de innovación los retara a generar ideas que sorprendieran al consumidor.

Muchas empresas se lanzan a implementar programas de innovación y al año se dan cuenta de que solo han recibido ideas incrementales de parte de sus colaboradores. La definición de innovación no solo ayuda a mejorar la calidad de las ideas, sino que también ayuda a evitar resentimientos de la gente cuando sus ideas son rechazadas. Más adelante abordaremos este tema con mayor detalle.

III.

Observe la definición que sugirió una empresa del sector público con la que trabajamos, la Compañía Nacional de Fuerza y Luz:

La innovación es cualquier cambio que mejore significativamente el desempeño de los procesos de Generación, Distribución y Comercialización de la Energía Eléctrica en la CNFL y de Gestión de Recursos, el cual se puede manifestar en un nuevo proceso, servicio o tecnología que le agregue valor a los clientes internos o externos.

Una idea nueva o un proyecto no serán considerados como innovación al menos que hayan sido implementados y producido beneficios a la CNFL.

Una innovación tiene que cumplir con varios de los siguientes principios guía:

- Estar alineada con los objetivos estratégicos de la CNFL.
- Estar alineada con los valores de la CNFL.
- Satisfacer una necesidad actual o futura de los clientes.
- Hacer uso sostenible del medio ambiente.
- Garantizar la seguridad y salud laboral en nuestra operación.

Al tratarse de una institución que se dedica a la generación, distribución y comercialización de energía eléctrica, el aspecto más relevante de la definición radica en excluir el desarrollo de nuevos productos (su único producto ya está inventado).

Por el contrario, enfoca sus esfuerzos en la innovación de procesos. Desde ese punto de vista, la sola definición de innovación empieza a responder a la pregunta de dónde va a innovar la empresa y qué tipo de ideas requiere para mejorar su ventaja competitiva.

Para terminar esta sección, le sugerimos indicar en su definición cuál es la diferencia que se hará entre mejora continua e innovación (ver capítulo 1). A pesar de que muchas empresas las consideran sinónimos, nosotros preferimos hacer una distinción clara para evitar confusiones entre los colaboradores.

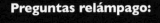

Preguntas relámpago:

⚡¿Cuál es la definición de innovación que utiliza su empresa?

⚡¿La conocen todos los colaboradores?

⚡¿Cómo inspira su definición de innovación a cuestionar el status quo?

3. Establecimiento de una visión de innovación

Una vez que la empresa ha llegado a un acuerdo sobre lo que significa innovar en su propio contexto, se requiere describir un panorama futuro de dónde se quiere llegar con la innovación. Es decir, establecer una visión de la innovación.

La visión:

- Será la base de los esfuerzos de innovación y proveerá una dirección clara sobre cómo innovará la organización.

- Resume en lo que se convertirá la empresa si los esfuerzos de innovación son exitosos.

- Debe ser aspiracional e inspiradora, de manera que motive por medio de un propósito a todas las personas involucradas en los esfuerzos de innovación.

- Pone a todo el mundo en la misma página si surgieran opiniones fragmentadas sobre lo que debe hacer la organización para innovar.

IMPORTANTE

No se debe confundir la visión de la innovación con la visión de la empresa. La primera se enfoca en cómo la innovación ayudará a la empresa a transformarse y alcanzar sus objetivos, mientras que la segunda establece dónde se visualiza la empresa en el futuro.

Lógicamente ambas deben estar alineadas, pero la visión de la innovación es mucho más específica.

Preste atención a cómo una empresa de productos de consumo masivo de Centroamérica definió su visión de la innovación:

DIRECCIÓN

VISIÓN

QUEREMOS SER EXITOSAMENTE INNOVADORES

Enfoque en Crecimiento
La innovación será la herramienta que nos permitirá crecer y se evidenciará en los resultados económicos que obtengamos.

Apasionar a los Clientes con Nuestras Marcas
La innovación nos ayudará a diferenciarnos y a hacer que el consumidor reconozca el valor único que le entregamos con nuestras soluciones alimenticias.

Desarrollar una Cultura de Innovación
La innovación será la forma como trabajaremos y nos conduciremos en todas las áreas de la empresa, más allá de los productos, a través de procesos para sistematizarla.

Para llegar a ser exitosamente innovadora, la empresa ha fijado la dirección de sus esfuerzos de innovación en **tres grandes pilares**: crecer, apasionar a los clientes con sus marcas y desarrollar una cultura de innovación.

Pregunta relámpago:

⚡ ¿Tiene su empresa una visión clara de adónde la va a llevar la innovación?

4. Definición de objetivos y metas de la innovación

El siguiente paso exige especificar los objetivos, que representan los fines hacia donde se encamina la innovación y que deben estar alineados con la estrategia y metas del negocio, de modo tal que el proceso de innovación se vaya cumpliendo paralelamente con el propósito de la empresa.

En esta fase tomamos la visión de innovación y la desgranamos en objetivos específicos, los cuales reflejan los resultados que el programa de innovación desea alcanzar, y que al mismo tiempo justifican las actividades de innovación.

Siguiendo con la empresa del último ejemplo, observe cómo se traslada la visión de la innovación a objetivos específicos:

OBJETIVOS DE INNOVACIÓN

- Implementar una plataforma de desarrollo de nuevos productos y negocios que permita a la empresa crecer a doble dígito y obtener ingresos por US$10 millones provenientes de nuevos productos para el año 2015.

- Obtener ahorros de costos por innovaciones en procesos por US$500 mil anuales.

- Fortalecer y mantener una cultura de innovación en donde todo el personal la haga parte de su trabajo diario, y crear un espacio y estructura para desarrollar el potencial de todas las personas para crear e innovar.

- Crear un proceso para capturar y evaluar ideas en todas las áreas de la empresa.

- Generar esquemas de reconocimiento para las personas que innoven.

- Definir indicadores para medir y mejorar los resultados de la innovación.

Preguntas relámpago:

⚡ ¿Cuáles son los objetivos de innovación de su empresa?

⚡ ¿Los conocen todos los colaboradores?

⚡ ¿Cuales metas concretas espera alcanzar su empresa como resultado de los esfuerzos de innovación?

¿CÓMO SABER EN QUÉ INNOVAR Y HACIA DÓNDE ENFOCAR LOS ESFUERZOS INNOVADORES EN UNA EMPRESA?

5. Establecimiento de los focos de innovación

Hemos insistido que la estrategia de innovación tiene que ir de la mano con la estrategia de la empresa. Cuando esto no sucede, generalmente surgen problemas serios a la hora de innovar, ya que los esfuerzos de innovación se desvían del propósito del negocio.

Por lo tanto, una estrategia de innovación responde a la pregunta de dónde va a enfocar la empresa sus esfuerzos de innovación.

Dos herramientas muy útiles para enfocar los esfuerzos son el arcoíris de la innovación y la matriz para definir la estrategia de innovación.

El arcoíris de la innovación, retomando lo visto en el primer capítulo, refleja los 12 diferentes tipos de innovación en donde una empresa puede innovar.

Categoría de innovación	Tipo de innovación	Lo que significa
Nuevas formas de producir	Procesos	Una nueva forma de hacer un proceso que lo hace más rápido, más barato o más efectivo.
	Tecnologías	Una nueva tecnología que permite mejorar los procesos o productos de la empresa. Incluye las tecnologías de la información (TICs).

Nuevas propuestas de valor	Productos	Un nuevo producto que el mercado nunca ha visto antes.
	Servicios	Un nuevo servicio que el mercado nunca ha visto antes.
	Marcas	Una nueva forma de agregar o expandir el valor de las marcas de la empresa.
Nuevas formas de entregar	Canales de distribución	Una nueva forma de hacer llegar los productos o servicios a los clientes.
	Canales de comunicación	Una nueva forma de comunicarse con los clientes, aliados o empleados.
	Ocasiones de consumo	Crear un nuevo momento o lugar en que se consume el producto o servicio. Por ejemplo, para un alimento, venderlo al desayuno cuando antes solo se vendía para el almuerzo.
Nuevos clientes y experiencias	Segmentos	Alcanzar a un nuevo cliente con los productos o servicios actuales.
	Experiencias	Una nueva forma de hacerle ver, probar y sentir el producto o servicio a los clientes.
Nuevos modelos de negocios	Modelos de negocios	Una nueva forma de definir precios, de cobrar o de hacer dinero.
	Aliados estratégicos	Una alianza estratégica con otra empresa que permite ofrecer al mercado algo nuevo que ninguna empresa podría hacer por sí misma.

Las organizaciones deben decidir cuáles colores utilizar en su estrategia para cumplir con los objetivos de innovación, y establecer prioridades de innovación en cada área de negocios.

Aquí es donde entra en juego la matriz para definir la estrategia de innovación:

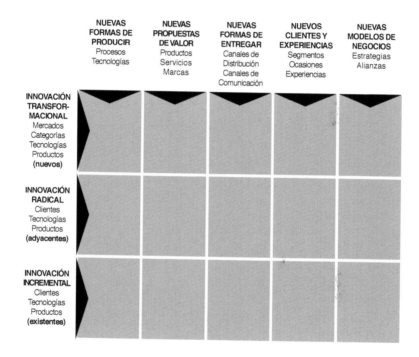

En las columnas de esta matriz ponemos los diferentes tipos de innovación del arcoíris de la innovación, y en las filas indicamos el nivel de innovación que se desea en cada uno de ellos.

Refresquemos la memoria con los conceptos del capítulo 1.

Innovación incremental: Mejoras a los productos y servicios actuales de la empresa, hacia los mercados y clientes actuales, con las capacidades actuales. Es decir, innovaciones en el *"core business"* de la empresa. Por ejemplo, una extensión de línea, una mejora en el sabor de un producto alimenticio, o hacer el empaque de un producto más amigable con el medio ambiente.

Innovación radical: Innovaciones en mercados adyacentes de la empresa, fuera del *"core business"* que buscan nuevos clientes y/o requieren nuevas capacidades. Por ejemplo, ofrecerle algo a un segmento de mercado que la empresa nunca había considerado.

Innovación transformacional: Innovaciones que crean nuevos mercados o nuevas categorías para la empresa. Por ejemplo, una empresa que vende café justo en la entrada de las tiendas de suveni-res en un aeropuerto.

Mediante esta matriz, las empresas determinan en qué tipo de inno-vaciones desean enfocarse y el grado de innovación correspondiente a cada tipo. Así pueden balancear mejor su portafolio de proyectos de innovación y gestionar el riesgo que están dispuestas a tomar.

Veamos un ejemplo:

Una cadena de restaurantes de comida rápida, tras analizar el arcoí-ris de la innovación, definió tres focos en donde deseaba enfocar sus esfuerzos: innovación de procesos, innovación de productos e inno-vación en la experiencia del cliente.

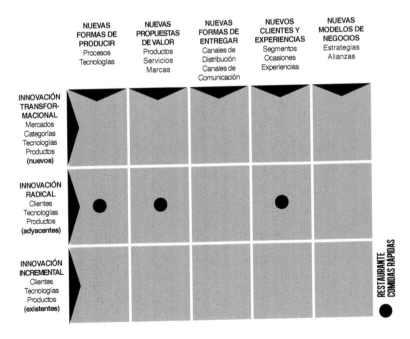

En este caso particular, la empresa no está innovando en todos los colores del arcoíris, sino en aquellos donde, de acuerdo con su estrategia empresarial y necesidades de negocio, la innovación puede causar un mayor impacto. Los focos de innovación pueden cambiar año con año, dependiendo de las necesidades de la empresa.

Cuando una empresa tiene varias unidades de negocio, es necesario definir los focos de la innovación para cada una de las unidades, tal como se muestra en el siguiente ejemplo de una empresa productora de cemento:

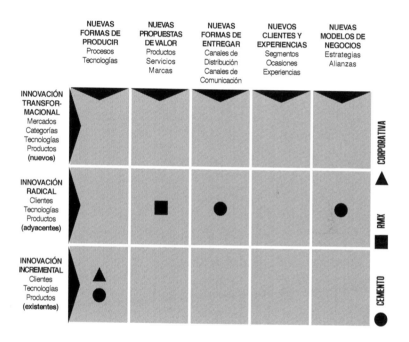

La empresa cuenta con tres unidades de negocio, en donde una es Cemento, otra es RMX (productos de concreto premezclado) y la unidad de negocio Corporativa. Si observamos con detenimiento, en la unidad de Cemento el foco de la innovación está posicionado en nuevos modelos de negocios, nuevos canales de distribución y nuevas alianzas estratégicas con nivel de innovación radical, mientras que nuevos procesos o tecnologías tienen nivel de innovación incremental.

Note que la empresa no desea dar ningún énfasis a la innovación en nuevos productos en la división de Cemento. Esto se debe a que en una industria tan estable, las oportunidades no se encuentran en inventar y lanzar al mercado un nuevo cemento (por ejemplo, de color verde), sino en inventar nuevos modelos de negocios o entablar alianzas estratégicas, para crear obras de infraestructura que requieran más cemento y aumenten las ventas de la empresa.

Por el contrario, en la división de RMX (productos de concreto premezclado), la empresa considera que la innovación en nuevos productos es fundamental para obtener una ventaja competitiva en el mercado, y justo en esa división, el foco se centra en el lanzamiento de nuevos productos, con un nivel de innovación radical.

Finalmente, preste atención a la Unidad Corporativa, que ofrece servicios como Contabilidad y Recursos Humanos al resto de las unidades. Esta se enfocará en la innovación de procesos para hacer más eficientes sus actividades, a un nivel incremental.

■ ■ ■

Las empresas también pueden usar esta matriz para definir su estrategia de innovación a nivel de cada una de las marcas de su portafolio de productos.

De acuerdo con fuentes especializadas[8], un portafolio de innovación balanceado buscará concentrar un 70% de los recursos en innovaciones incrementales, un 20% en innovaciones radicales y un 10% en innovaciones transformacionales. Algunas empresas con las que hemos trabajado en el sector de software y tecnología, por ejemplo, en donde el nivel de cambio y la necesidad de innovación son mayores, le han apostado a portafolios que son 45% innovación incremental, 40% innovación radical y 15% innovación transformacional. Como vemos, el balance de portafolio dependerá de la industria en la que su empresa se encuentre y del nivel de intensidad de innovación que tengan la competencia.

---

8   Bansi Nagji y Geoff Tuff, "Balancing your Innovation Portfolio". Harvard Business Review. Mayo 2012.

Preguntas relámpago:

⚡ ¿Tiene su empresa una estrategia clara de innovación?

⚡ ¿Ha decidido en cuáles colores del arcoíris de la innovación desea innovar?

⚡ ¿Ha definido cuáles van a ser los focos o prioridades de innovación para este año?

■ ■ ■

Cuadro de Mando Integral de Innovación
(Balance Scorecard)

En ocasiones recomendamos hacer un Cuadro de Mando Integral de Innovación. Es una herramienta muy popular que integra las cuatro perspectivas de una estrategia de una empresa: Financiera, Cliente, Procesos, y Experiencia y Aprendizaje.

Permite crear una representación visual de los objetivos de innovación y la relación causa-efecto entre ellos, además de los procesos y sistemas que ayudan a implementarla.

Observe el Cuadro de Mando Integral de Innovación que desarrollamos para un grupo bancario con presencia en Suramérica (siguiente página).

Empezando de arriba hacia abajo por la perspectiva financiera, este banco se ha propuesto para el año 2013 obtener un *"premium"* o beneficio de los esfuerzos de innovación, donde el 10% de las utilidades provenga de proyectos derivados de la iniciativa de innovación.

Para lograrlo, el banco apuesta por el crecimiento de fuentes nuevas y actuales y *"cross-selling"* (venta cruzada entre clientes de tarjeta de crédito y banca), al mismo tiempo que espera reducir sus costos operativos, gastos generales y administrativos.

Posicionarse como "el banco a utilizar" dependerá de cinco atributos fundamentales dentro de su propuesta de valor: ser siempre el primero en el mercado, ofrecer servicios diferenciados, diseñar productos adecuados a las necesidades de sus clientes, dar el mejor servicio y ganarse su confianza.

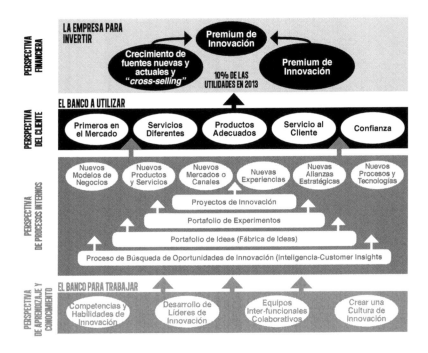

Desde el punto de vista del proceso de innovación, el banco ha decidido enfocar sus esfuerzos en crear nuevos modelos de negocios, desarrollar nuevos productos y servicios, buscar nuevos mercados o canales de distribución, innovar en nuevas experiencias, alianzas estratégicas innovadoras e innovar en nuevos procesos o tecnologías. Podrá notar que estas elecciones surgen a partir del arcoíris de la innovación.

El logro de dichos focos depende de un proceso que empieza por la búsqueda de oportunidades de innovación para producir un portafolio de ideas, lo que ha llamado "la fábrica de ideas". Luego, planea convertir algunas de esas ideas en experimentos estratégicos de innovación, con el fin de reducir el riesgo antes de lanzarlos al mercado, y finalmente transformarlos en proyectos de innovación.

Tal y como se aprecia en la perspectiva inferior (aprendizaje y crecimiento), el banco tiene muy claro que para alcanzar estos objetivos requiere desarrollar en su gente las competencias y habilidades de la innovación, desarrollar a los líderes de innovación, crear equipos multifuncionales colaborativos y crear una cultura que permee a toda la organización.

Pregunta relámpago:

⚡ ¿Tiene su empresa una forma visual de comunicar cómo está integrando todos sus esfuerzos de innovación?

6. Definición de las campañas masivas de ideas y/o equipos multidisciplinarios

Una vez que se ha definido una estrategia de innovación general, esta se debe aterrizar en campañas masivas de ideas y/o equipos multidisciplinarios, con el objetivo de generar ideas.

Llamamos campañas masivas de ideas a la metodología de buscar ideas a través de un concurso, ya sea entre todos o un grupo grande de colaboradores. Los equipos multidisciplinarios, por otra parte, son grupos pequeños (6 a 8 personas) de colaboradores de diversos perfiles y áreas de la empresa que generarán ideas sobre un foco de innovación. Estudiemos cada uno en detalle.

Campañas masivas de ideas

Las campañas masivas de ideas son una metodología muy popular para involucrar a todos los colaboradores de la empresa en la generación de ideas. Hacen que el proceso de innovación se vuelva muy participativo y ayudan a crear una cultura de innovación.

No obstante, es indispensable diseñar, comunicar y ejecutar estas campañas de ideas de forma correcta para asegurar su efectividad.

Autopsia de un proceso de innovación fallido

Hace algún tiempo, una importante empresa proveedora de tecnologías de información con presencia en cinco países de América Latina nos llamó para que hiciéramos una 'autopsia' de por qué su programa de innovación había muerto. Así nos contaron lo sucedido:

"Debido a que la innovación es muy importante para nuestra empresa, le pedimos a todo el personal que nos enviara ideas innovadoras. Al principio todo parecía marchar muy bien, en enero recibimos 60 ideas, en febrero recibimos 45 ideas, en marzo recibimos 20 ideas, en abril 5 y luego se secó la tubería. Dejamos de recibir ideas. ¿Qué le pasó a nuestro programa?"

Entonces fue nuestro turno de preguntar:

- ¿Qué tipo de ideas le pidieron a la gente?
- Ideas innovadoras.
- ¿Ideas innovadoras para qué?
- Ideas innovadoras. De cualquier cosa, nuevos productos, nuevos procesos, nuevos servicios.

No tuvimos que preguntar más. Habíamos encontrado la causa del fallecimiento. No se les puede pedir a los colaboradores de la empresa que piensen ideas en general, porque se pierden.

Las campañas masivas de ideas se deben enfocar en torno a temas, retos o problemas específicos. Por ejemplo:

* *Queremos ideas para reducir en un 50% los tiempos de proceso de aprobación de créditos personales.*
* *Queremos ideas para reducir los costos de materias primas en un 15%.*
* *Queremos ideas de una nueva tecnología que nos permita reducir en un 20% los costos de procesamiento de datos.*

Adicionalmente, hay que fijar un **límite de tiempo** para las campañas. De lo contrario, los latinos somos muy dados a dejarlo todo para última hora. Un buen ejemplo de convocatoria: "Queremos ideas para resolver este reto del negocio y las recibiremos durante el mes de febrero".

IMPORTANTE

Hemos comparado la productividad de las campañas que piden ideas "sueltas" a los colaboradores durante todo el año, sin ningún foco aparente, con la productividad de campañas que se enfocan en retos específicos de innovación, durante periodos determinados.

Para dos empresas de alrededor de 500 colaboradores, la empresa que hizo campañas sin foco recibió cerca de 200 ideas al año, mientras que la otra hizo tres campañas enfocadas, una en febrero, otra en julio y otra en noviembre. La segunda obtuvo un promedio de 150 ideas por campaña, es decir, 450 ideas por año y de mayor calidad.

Estos números reflejan el poder de enfocar los esfuerzos de innovación y definir un límite de tiempo para las campañas.

Algunas personas nos han planteado la siguiente duda (por demás razonable):

> ## "
> *¿Qué pasa si a un colaborador se le ocurre una idea realmente innovadora, pero la empresa no tiene una campaña masiva de ideas abierta en ese momento? ¿Se pierde esa idea? ¿La gente debe dar ideas sólo cuando hay campañas de ideas?*

La respuesta es que las campañas masivas de ideas, aunque permiten enfocar los esfuerzos, no deberían ser una limitante, y lo ideal es contar con una campaña abierta de ideas todo el año que permita a la gente canalizar sus aportes.

Sin embargo, siempre hay que especificar el tipo de ideas que la empresa anda buscando y preparar una lista de verificación que permita a la gente analizar la validez de cada idea: ¿Está alineada con los objetivos estratégicos de la empresa? ¿Aumenta las ventas o reduce los costos?

Resumiendo: una campaña masiva de ideas debe tener un enfoque claro, la audiencia que podría participar, el periodo durante el cual va a estar abierta y fecha límite para recibir ideas. La audiencia de cada campaña puede variar dependiendo de los objetivos de la misma, desde incluir a todos los colaboradores de la empresa, a un departamento o incluso a personas fuera de la empresa, como clientes o proveedores.

¿Quiénes producen las mejores ideas?

En nuestros años de consultoría nos hemos percatado que, aunque uno desea que todo el personal de una empresa participe en las campañas masivas de ideas, en la práctica esto no es aconsejable.

Por ejemplo, cuando se promueve una campaña masiva de ideas de nuevos productos en todo el personal, son pocas las personas que hacen aportes realmente valiosos. Las mejores ideas suelen venir del personal que está en contacto con los clientes y conoce sus necesidades latentes, o personas del departamento de Mercadeo, que están al tanto de las investigaciones de mercado que realiza la empresa.

La convocatoria general es más efectiva en campañas dirigidas a reducir costos en los procesos, ya que todo el mundo trabaja o tiene relación directa con algún proceso de la empresa.

A pesar de los beneficios que hemos señalado de las campañas masivas de ideas, una de las quejas que recibimos con frecuencia por parte de los gerentes es que la mayoría de concursos de ideas produce sólo ideas de mejoras incrementales, pero no radicales o transformacionales.

Recuerde que las campañas masivas de ideas son muy buenas para crear una cultura de innovación en el personal y fomentar su participación; sin embargo, no se puede depender únicamente de ellas para generar ideas en una empresa.

"

No se puede depender de las campañas masivas para generar ideas en una empresa."

Equipos multidisciplinarios

Para ciertos focos de innovación, como nuevos productos, nuevos modelos de negocios, o proyectos estratégicos, hemos encontrado que resulta más efectivo generar ideas a través de equipos pequeños y multidiscipinarios de colaboradores (6 a 8 personas). Estos equipos deberán trabajar en el foco utilizando metodologías de innovación específicas para el reto que se plantea.

El siguiente gráfico resume la forma como recomendamos transformar la estrategia y focos de innovación en campañas masivas de ideas y/o equipos multidisciplinarios, que permitan llenar de ideas su proceso de innovación.

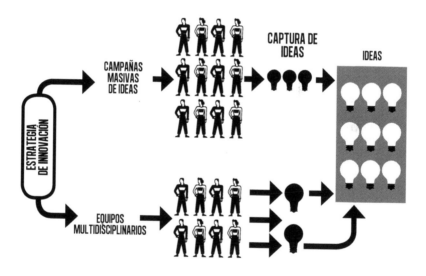

Esta otra tabla ejemplifica cómo una empresa aterrizó su estrategia de innovación en campañas masivas de ideas y equipos multidisciplinarios, en donde para cada uno se definieron objetivos, audiencias o equipos, metodologías de generación de ideas, y fechas de implementación.

PLAN PARA LAS CAMPAÑAS Y PROYECTOS DE INNOVACIÓN 2012

Iniciativa	Objetivo	Audiencia o equipo	Metodología	Fecha de inicio	Fecha de finalización
Campañas Masivas de Ideas					
Campaña de mejora de servicio al cliente en las sucursales	Mejorar la satisfacción del cliente de 80% a 90%	Todo el personal	Concurso abierto	1-Mayo	31-Mayo
Campaña de reducción de costos	Reducir los costos de la empresa en 5%	Todo el personal	Concurso abierto	1-Julio	31-Julio
Campaña permanente (cualquier tema siempre y cuando esté relacionado con la estrategia de la empresa)	Apoyar la cultura de innovación	Todo el personal	Concurso abierto	1-Enero	31-Diciembre
Campaña de ideas de proveedores (innovación abierta)	Ver nuevas tecnologías que hay en el mercado para diferenciar a la empresa	Todos los proveedores	Concurso abierto	1-Julio	31-Julio
Equipos Multidisciplinarios					
Diseño de un nuevo producto para los segmentos de mayor crecimiento	Aumentar las ventas de la empresa en un 3%	Equipo de Mercadeo	Con el apoyo de empresa de consultoría externa	1-Marzo	1-Julio
Mejora de los servicios transaccionales en Internet	Reducir las quejas en un 50%	Equipo multidisciplinario con gente de TI	TRIZ (Pensamiento Inventivo Sistemático)	1-Junio	1-Julio

Pregunta relámpago:

⚡ ¿Tiene claro su empresa en cuáles campañas masivas de ideas y equipos multidisciplinarios va a enfocar sus esfuerzos el próximo año?

7. Presupuesto de innovación

Una estrategia de innovación necesita, obligatoriamente, un presupuesto de innovación. En término más latinos, "no se puede hacer chocolate sin cacao".

Si planeamos estimular la generación de ideas en todo el personal, debemos estar conscientes de que los proyectos de innovación que se generen a partir de esas iniciativas, van a demandar recursos. Uno de esos recursos es también el más valioso, refiriéndonos, por supuesto, al tiempo requerido por el personal para desarrollar los proyectos.

Cuando la empresa no cuenta con un presupuesto de innovación, las nuevas ideas deberán esperarse al siguiente ciclo de planificación anual del presupuesto de la empresa, lo cual podría ser excesivo en la mayoría de los casos. Hemos visto con tristeza cómo muchas ideas con el potencial de darle una ventaja competitiva a la empresa, fallan en salir al mercado por falta de presupuesto, y la competencia no tarda mucho tiempo en descubrirlas y usarlas a su favor.

Lo más importante es hacerle ver al equipo directivo que **la innovación no es un gasto**. Por el contrario, tiene que ser concebida como una inversión, cuya buena implementación representa un retorno significativo para la organización. Para analizar el impacto de las innovaciones existe una serie de métricas que veremos más adelante en el capítulo 4, el cual hemos reservado exclusivamente para ese tema.

En América Latina hemos topado con todo tipo de formas de manejar el presupuesto de innovación. Algunas empresas optan por definir un presupuesto específico para los proyectos de innovación; otras afirman que una vez que surjan los proyectos, si son rentables, el dinero va a salir del mismo presupuesto de cada una de las unidades de negocio o departamentos.

En este sentido, muchas prefieren que los proyectos de innovación sigan el mismo camino de cualquier otro proyecto de la empresa para solicitar recursos, ya sea a través de un CAPEX (*Capital Expenditure*)[9] u otros canales.

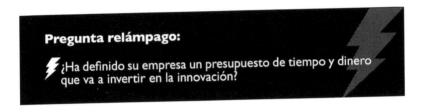

Pregunta relámpago:

¿Ha definido su empresa un presupuesto de tiempo y dinero que va a invertir en la innovación?

Observe a continuación los rubros que usted debe contemplar a la hora de definir un presupuesto de innovación. Estos rubros los hemos tomado de presupuestos reales de innovación de nuestros clientes en América Latina. Los tipos y montos de inversiones que usted asigne dependerán de la madurez que tenga su empresa en el tema de la innovación.

Elementos de un presupuesto de innovación	Detalle
Presupuesto para la búsqueda de oportunidades	Participación en ferias internacionales Investigación de mercados para innovación • Estudios de consumidor • Pruebas de concepto Incentivos a expertos externos Afiliación a sitios y estudios de tendencias e inteligencia de mercados Benchmarking con otras empresas Gastos de investigación y desarrollo Consultoría en innovación

9   Un CAPital EXpenditure es una inversión de capital que crea beneficios. Los CAPEX son utilizados por una compañía para adquirir o mejorar los activos fijos tales como equipamientos, propiedades o edificios industriales.

Presupuesto para la generación de ideas	• Facilitación de sesiones de ideación focalizada • Instalaciones, equipo y alimentación de sesiones • Gastos de las campañas de ideas
Presupuesto para fortalecer la cultura de innovación	• Capacitación en innovación y creatividad • Plan de incentivos y reconocimientos a la innovación • Gastos del programa de cultura de innovación • Diseño de campaña de comunicación del programa • Lanzamiento del programa en toda la empresa • Eventos de premiación • El día o semana de la innovación • Contratar expertos externos para traer nuevas perspectivas a los colaboradores • Presupuesto para realizar experimentos o planes piloto
Presupuesto de herramientas para apoyar la innovación	• Software de captura y gestión de ideas • Software de administración de proyectos • Software de redes sociales internas • Intranet de innovación • Acceso a bases de datos de herramientas de innovación • Videos para inspirar la innovación • Juegos de cartas sobre la innovación
Presupuesto para invertir en proyectos de innovación	• Proyectos de innovación definidos • Proyectos de innovación por descubrir durante el año
Presupuesto de la estructura para apoyar la innovación	• Gerente o gestor de innovación • Gerente de proyectos de innovación • Analista financiero de proyectos de innovación • Desarrollador de contenidos de innovación • Personal de investigación y desarrollo • Laboratorios de investigación y desarrollo • Gastos varios del área de innovación • Conferencias internacionales de innovación • Consultoría en innovación • Subscripción al club de la innovación local • Libros de innovación • Sala de innovación
Imprevistos	

Ahora que usted tiene clara su estrategia de innovación, es hora de definir el proceso que la llevará a la práctica. En el siguiente capítulo le explicaremos cómo hacerlo.

RESUMEN DEL CAPÍTULO

El primer paso para implementar la innovación en su empresa es definir una estrategia. Sin ella, sus esfuerzos corren el peligro de convertirse en una moda pasajera o en el "sabor del mes".

Los elementos que debe contener una estrategia de innovación son los siguientes:

Elementos	Objetivo
¿Qué?	
1. Declaración de la importancia de la innovación para la empresa	Definir por qué la empresa desea iniciar un programa para sistematizar la innovación.
2. Definición operativa de la innovación	Establecer la definición operativa que se utilizará para evaluar si algo es o no innovador en la empresa.
3. Establecimiento de una visión de innovación	Definir una visión de la innovación para describir adónde se desea llegar a través de la innovación.
4. Definición de objetivos y metas de la innovación	Definir los resultados específicos y medibles que se espera alcanzar con la innovación.
¿Cómo?	
5. Establecimiento de los focos de innovación	Determinar de qué manera se piensa enfocar la innovación y alinearla con la estrategia de la empresa.
¿Dónde? ¿Cuándo?	
6. Definición de las campañas masivas de ideas y equipos multidisciplinarios	Aterrizar cuáles son los esfuerzos de innovación que se van a realizar durante el año.
¿Con qué?	
7. Presupuesto de innovación	Definir los recursos que se van a invertir en la innovación

GUÍA PARA LA ACCIÓN

- Reúna al equipo gerencial de su empresa o departamento y defina por qué deberían iniciar un programa de innovación.

- Trabaje con su equipo en definir una estrategia y focos de innovación siguiendo los lineamientos sugeridos en este capítulo.

- Aterrice un presupuesto de innovación para las actividades que piensa desarrollar para el primer año del programa.

- Concéntrese en lograr victorias rápidas ("frutos bajos") que le permitan generar autoestima innovadora en la organización.

3

PROCESO

¿Cuál es el proceso que se debe ■
seguir para innovar?

¿Cuáles herramientas y metodologías pueden ■
utilizarse durante el proceso de innovación?

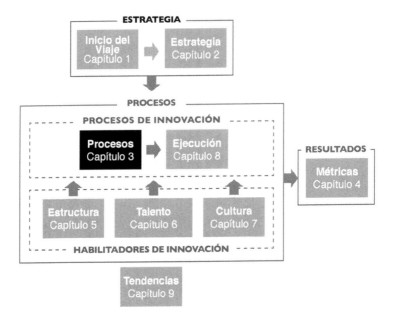

En América Latina es común que las empresas logren innovar, en mayor o menor grado, sin necesidad de contar con procesos formales. A esta forma de innovar la llamamos "el chispazo", en donde una persona identifica una idea interesante y lucha contra viento y marea para obtener recursos, derribar obstáculos e implementarla. Son verdaderos "héroes de la innovación", que se ven forzados a crear su propio proceso para cada idea. Aunque esto puede funcionar para algunas organizaciones, crear procesos individuales de innovación desperdicia muchos recursos e incrementa el tiempo desde que se tiene la idea hasta que se lanza al mercado (nuevos productos o negocios), o se implementa en la organización (nuevos procesos).

Nos cuesta imaginar una empresa en donde cada persona o departamento sea libre de inventar su propio proceso para emitir una orden de compra, o para llevar la contabilidad. Bajo esa lógica, si existen procesos formales para las funciones de ventas, finanzas, compras y recursos humanos, también debe existir un proceso para la innovación.

Tome en cuenta que la falta de procesos formales de innovación hace que:

- La innovación dependa de unas pocas personas: Si los héroes de la innovación se van de la empresa, la innovación desaparece. Es decir, la innovación no es una capacidad organizacional que se gestiona y sistematiza.

- La innovación no sea repetible: La gente no conoce los pasos necesarios para desarrollar un proyecto de innovación de forma exitosa.

- La innovación no sea escalable: No es fácil encontrar héroes de la innovación. Son pocas las personas que tienen las habilidades, el coraje y el deseo de luchar contra el sistema para implementar una innovación.

Lamentablemente, muchas personas creen que la innovación, por su naturaleza, debe ser una actividad libre, donde no hay reglas y cualquier cosa puede suceder. En otras palabras, imposible de sistematizar.

No obstante, después de observar y participar en cientos de proyectos, tanto exitosos y fallidos, hemos llegado a la conclusión de que la innovación se beneficia mucho de contar con cierta estructura y disciplina, con un proceso que lo guíe a uno paso a paso hasta alcanzar un objetivo.

Son pocas las empresas de América Latina que cuentan con procesos sistemáticos de innovación. Como resultado, los gerentes tienden a quejarse de que sus programas producen ideas de baja calidad, sin un verdadero impacto económico, o que sus tiempos de desarrollo son muy altos.

Dentro de los beneficios de contar con un proceso de innovación encontramos:

- Mayor velocidad al mercado (*time to market*)

- Mayores tasas de éxito en el lanzamiento de nuevos productos

- Menores errores, desperdicio y retrabajo en los proyectos de innovación (y su correspondiente reducción de costos)

- Mayor alineamiento y colaboración entre las diferentes áreas del negocio

- Más eficiencia en la asignación de los recursos escasos de la empresa en los proyectos correctos

A nivel mundial, las estadísticas revelan que entre el 80% y el 95% de los nuevos productos fracasan[10]. Existen muchas razones por las cuales esto sucede, pero una de las más importantes es la ausencia de un proceso de innovación robusto. Todas las organizaciones tienen una enorme oportunidad de mejorar las probabilidades de éxito de sus proyectos de innovación si implementan los procesos y las metodologías adecuadas.

¿CUÁL ES EL PROCESO QUE SE DEBE SEGUIR PARA INNOVAR?

No existe un proceso universal que se adapte a las necesidades de todas las empresas. Sin embargo, es ampliamente conocido que un proceso de innovación pasa por cinco etapas fundamentales. Estas son:

1. Identificar oportunidades de innovación
2. Generar ideas creativas
3. Evaluar las ideas
4. Desarrollar el proyecto de innovación
5. Lanzar y comunicar la innovación

PROCESO DE INNOVACIÓN

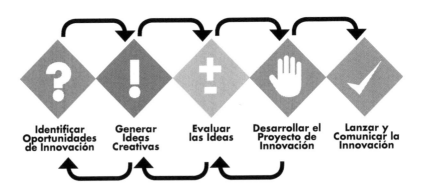

---

10   Ernst & Young, "Eleven Risks for Global Consumer Products Companies 2011". Se define que un producto fracasa cuando no alcanza los beneficios estimados en el caso de negocio desarrollado previo a su lanzamiento.

ETAPA #1
Identificar oportunidades de innovación

Para que la innovación sea verdaderamente exitosa, debe estar basada en una oportunidad que exista en el mercado, y alinearse con la estrategia empresarial. Estas oportunidades suelen aparecer en la intersección entre las necesidades del cliente, las tendencias del mercado y las capacidades de la empresa.

ETAPA #2
Generar ideas creativas

Una vez que se ha identificado una oportunidad de innovación, se deben generar ideas creativas para aprovecharla. Las ideas creativas pueden venir de cuestionar cómo hacemos las cosas, de inspirarnos en empresas de otras industrias que resolvieron problemas similares, o simplemente de ver el reto desde una perspectiva diferente. Existen muchas metodologías para apoyar la generación de ideas creativas; más adelante analizaremos algunas.

ETAPA #3
Evaluar las ideas

Como los recursos de la empresa tienden a ser escasos, no hay tiempo ni dinero que alcance para implementar todas las ideas que se generan. Por esta razón, las ideas deben evaluarse para seleccionar las que tengan mejores probabilidades de producir valor. Generalmente, las ideas se evalúan a través del desarrollo de un caso de negocios, y aquellas seleccionadas para implementarse se convierten en proyectos de innovación.

ETAPA #4
Desarrollar el proyecto de innovación

En esta etapa se transforman las ideas en productos y servicios, comúnmente a través de prototipos. Los prototipos han demostrado ser muy útiles para probar y validar los nuevos conceptos con los clientes o usuarios en pequeña escala, a bajo costo y bajo riesgo para la empresa, antes de lanzarlos al mercado.

ETAPA #5
Lanzar y comunicar la innovación

Una vez que una idea ha sido desarrollada, es necesario lanzarla al mercado, comunicarla y comercializarla (innovación para el cliente final), o realizar los cambios en los procesos internos de la empresa (innovación de procesos). Durante esta etapa se miden los **resultados económicos**, para evaluar si verdaderamente la innovación agregó valor a la empresa, y se capturan las lecciones aprendidas del proyecto.

Este proceso aplica tanto para innovaciones de nuevos productos, servicios o negocios, que están orientadas a satisfacer el cliente externo de la empresa, como para innovaciones de procesos, orientadas a lo interno.

El énfasis que le daremos en este capítulo será hacia un proceso para innovaciones que tienen un impacto sobre los **clientes externos** de la empresa, sean estos sus clientes directos (canales de distribución) o el consumidor final.

■ ■ ■

El proceso de innovación se asemeja gráficamente a un embudo, donde se generan muchas ideas, pero muy pocas, solo las mejores, podrán culminar en innovaciones.

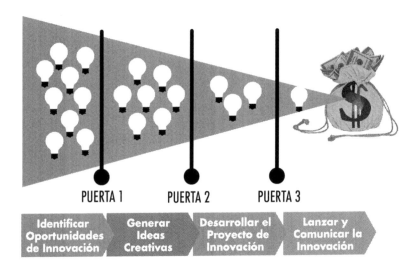

PUERTA 1   PUERTA 2   PUERTA 3

Identificar Oportunidades de Innovación | Generar Ideas Creativas | Desarrollar el Proyecto de Innovación | Lanzar y Comunicar la Innovación

Al final de cada etapa del proceso de innovación existen "puertas", que son puntos de evaluación para tomar decisiones sobre si vale la pena seguir invirtiendo tiempo y recursos. Una idea o proyecto de innovación debe pasar por una puerta antes de continuar a la siguiente etapa. Es por esto que muchas empresas se refieren a sus procesos de innovación como un *"stage-gate process"* o un proceso de etapas y puertas[11].

Las puertas guardan especial importancia, ya que a medida que el proceso de innovación avanza, se invierten cada vez más recursos y tiempo, por lo que es muy importante decidir si el proyecto debe "matarse" o dejarse continuar. En cada puerta se decide la vida del proyecto, generalmente por un Gerente o un comité.

¿Cuándo es más valioso contar con un proceso de innovación?

Definir y desarrollar un proceso de innovación solo tiene sentido cuando hay planes de repetirlo muchas veces, e incorporarlo en las capacidades competitivas de la empresa.

Un nuevo proceso requiere identificar roles y responsabilidades que lo soporten, asignar recursos, así como capacitar a las personas que van a participar. Por eso, es un hecho que si la empresa diseña un proceso específico para un único proyecto de innovación, simplemente no vale la pena el esfuerzo.

Cuando muchos equipos y personas innovan utilizando los mismos procesos y metodologías, las empresas obtienen muchos beneficios. Entre ellos, reducción de costos, reducción de tiempos, reducción de riesgos y mayores tasas de éxito en sus proyectos de innovación.

En empresas que están obligadas a desarrollar y lanzar nuevos productos de forma constante para mantenerse competitivas, es común encontrar procesos de innovación adaptados al desarrollo de nuevos productos. Tal es el caso de empresas de alimentos de consumo masivo, que suelen lanzar más de 10 nuevos productos al año.

---

11   El nombre "Stage-gate process" generalmente se le atribuye al Dr. Robert G. Cooper y al Dr. Scott J. Edgett, quienes han publicado extensivamente sobre el tema.

¿CUÁLES HERRAMIENTAS Y METODOLOGÍAS PUEDEN UTILIZARSE DURANTE EL PROCESO DE INNOVACIÓN?

Aunque las etapas del proceso de innovación son bastante genéricas, la diferencia en los resultados que obtiene cada empresa reside en las herramientas y metodologías que cada una elige para ponerlo en práctica.

Nos sorprende que, a pesar de que existen muchas herramientas y metodologías para innovar disponibles hoy en el mercado, son muy pocas las empresas de América Latina que las conocen, y menos aún las que las usan.

¿De qué tamaño es su caja de herramientas para innovar?

Una vez, durante un seminario, tuvimos la oportunidad de conocer al Gerente de Innovación de una de las empresas más innovadoras de Colombia. Cuando entramos en confianza con él, no pudimos contener la curiosidad de preguntarle sobre su "secreto" de innovación. Su respuesta fue la siguiente:

"Nuestro secreto está en el tamaño de la caja de herramientas que tenemos para innovar. Cuanto más grande es la caja de metodologías que usted pone a disposición de las personas en cada etapa del proceso, mejor será la calidad de las ideas y de los proyectos de innovación que se producen en la organización."

Por esa razón no nos cansamos de insistir a nuestros clientes que creen un proceso en donde todos los colaboradores tengan acceso a un conjunto amplio de metodologías de innovación, ya sea a través de la Intranet de la empresa o en un portal centralizado.

Durante el resto del capítulo lo llevaremos en un viaje "tras bambalinas" de un proceso típico de innovación, y cómo este va pasando por cada una de las etapas.

También mencionaremos algunas de las herramientas que utilizan las empresas latinas, para que usted obtenga una dosis de inspiración sobre cómo aplicarlo en su empresa.

I. Identificar oportunidades de innovación

Recordemos la definición de innovación que compartimos en el capítulo 1:

INNOVACIÓN
=
Oportunidad
X
Creatividad
X
Ejecución
=
Nuevo Valor

¿Nota cómo todo parte de una oportunidad? Preste mucha atención a los pasos para aprender cómo se identifica en un entorno real.

A. Activar un foco de innovación

El proceso de innovación se pone en acción a través de los focos de innovación previamente definidos en la estrategia de innovación (ver capítulo 2), la cual está alineada 100% con la estrategia de la empresa. Un foco de innovación puede ser concretamente el desarrollo de un nuevo producto o servicio, o la mejora de un proceso.

Antes de iniciar la búsqueda de oportunidades, usted debe definir con claridad dónde enfocará sus esfuerzos, es decir, cuál es el problema que está tratando de resolver, o el área en donde usted desea buscar oportunidades de innovación.

Algunos ejemplos de focos de innovación podrían ser:

- ¿Cómo podemos aumentar un 20% las ventas de la empresa en un determinado mercado, segmento, o línea de productos?

- ¿Cómo podemos aprovechar una tendencia u oportunidad que vemos en el entorno?

- ¿Cómo podemos usar las redes sociales para mejorar la imagen de la empresa o generar nuevos negocios?

- ¿Cómo podemos encontrar nuevos canales de distribución?

- ¿Cómo podemos atraer mejor talento a nuestra empresa?

- ¿Cómo podemos reducir un 5% los costos de la empresa, en general o en un proceso específico?

Una vez activado el foco, se inicia la búsqueda de oportunidades de innovación.

B. Investigación y trabajo de campo

Idealmente, todo foco de innovación debería activarse con una etapa de investigación y trabajo de campo, donde el equipo salga de la oficina y vaya a observar y entrevistar a sus clientes cara a cara, para obtener una perspectiva más profunda sobre sus necesidades.

El objetivo primordial es llegar a descubrimientos o "insights" que le permitan al equipo identificar una oportunidad de innovación. Para asegurar su efectividad, el trabajo de campo debe planificarse y apoyarse con las herramientas más apropiadas según la información que se desea obtener.

Algunas de las herramientas que su empresa puede utilizar en la etapa de búsqueda de oportunidades son las siguientes:

- Buzón de quejas de los clientes

- Entrevistas individuales a clientes

- Grupo focal (*focus group*)

- Etnografía (observación del cliente en su contexto para buscar oportunidades)

- Estudios de mercado cuantitativos (encuestas)

- Mapeo de la experiencia del cliente y sus momentos de la verdad (*customer journey*)

- Análisis de tendencias

- Visitas a exposiciones y ferias de la industria

- Análisis de patentes

- Análisis de la competencia (*benchmarking*)

En el Apéndice del libro encontrará una descripción más detallada de cada una de ellas.

De acuerdo con una encuesta que realizamos a inicios de 2012, donde participaron cientos de personas en representación de empresas latinoamericanas, las herramientas con los mayores porcentajes de uso en la etapa de búsqueda de oportunidades, son el **análisis de tendencias** y el **análisis de la competencia**.

Llama la atención que muy pocos recursos se invierten en investigación de mercados y, cuando sucede, es para entender el pasado, pero no para identificar sistemáticamente oportunidades de innovación. Este hallazgo es consistente con nuestra experiencia como consultores.

Una de las máximas de trabajo en Innovare es que el escritorio es un lugar muy peligroso para entender las necesidades del cliente. Por eso, siempre hacemos énfasis en que los ejecutivos deben dejar el quinto piso del edificio y salir a la calle a estudiar el mercado.

En este punto recomendamos utilizar la **etnografía**. Es una gran herramienta para detectar las necesidades insatisfechas de los clientes, y a diferencia de los tradicionales grupos focales, permite observar el ambiente y contexto real en donde el consumidor usa los productos o servicios de la empresa.

Los resultados que se obtienen al salir a la calle siempre son sorprendentes para los ejecutivos de las empresas con las que hemos trabajado.

Por ejemplo, en una empresa fabricante de ron, salimos a observar a los consumidores en los bares mientras bebían el producto de la compañía. Para nuestra sorpresa, en un bar encontramos a un grupo de mujeres adultas tomando ron, pero volteaban la botella para que las demás personas no se dieran cuenta de que estaban bebiendo licor.

Observe el detalle sutil en la siguiente foto:

El insight que pudimos extraer fue que a las mujeres de ese país les gusta tomar ron, pero voltean la botella porque les incomoda que otra gente las califique de "borrachas". Este fue un descubrimiento muy valioso para identificar la oportunidad de innovación que tenía la empresa en este segmento de mercado, y difícilmente hubiera sido posible detectarlo en entrevistas, grupos focales fuera del contexto real, o leyendo un reporte de investigación de mercados de 50 páginas en la oficina.

En otra ocasión, durante un proyecto de innovación en la banca, nuestro cliente deseaba entender las necesidades de los pequeños comercios de venta al detalle (pulperías, abastecedores y mini-supermercados). El reto de negocios era investigar por qué estos negocios no utilizaban la sucursal virtual y los medios electrónicos para pagar a los proveedores, y todos los intentos por atraer a este segmento hasta entonces habían fallado.

Tras pasar varios días viviendo en sus zapatos, descubrimos el siguiente insight, descrito por los propios comerciantes:

"

"Me gustaría ir al banco a depositar mi dinero, pero no tengo incentivo para hacerlo. Me da miedo que me asalten, no me gusta hacer filas, prefiero que vengan acá y me recojan el efectivo, como siempre lo han hecho, para yo poder estar vigilando mi negocio".

Este simple pero profundo descubrimiento le permitió al banco rediseñar completamente su estrategia para dicho segmento.

Durante la etapa de investigación y trabajo de campo también es importante entrevistar a expertos, que permitan visualizar las tendencias más importantes que están sucediendo alrededor de nuestro reto de negocios.

Por ejemplo, para uno de nuestros clientes en la industria de alimentos de consumo masivo, convocamos a un grupo élite de expertos que incluyó chefs, nutricionistas, especialistas en salud, editores de revistas de cocina, investigadores universitarios y gerentes de innovación de otras empresas de alimentos no competidoras, quienes ayudaron a identificar las tendencias más importantes que estaban surgiendo en la industria.

En la imagen vemos una de las sesiones donde los expertos compartieron sus diferentes perspectivas. Gracias a la iniciativa, la empresa fue capaz de ampliar su campo de visión, para identificar una oportunidad que le permitió lanzar al mercado una nueva familia de alimentos en una categoría donde no tenía presencia.

Recomendamos compartir los estudios de las necesidades de los clientes y las tendencias del mercado con el resto de la organización, para que muchas personas sean capaces de descubrir nuevas oportunidades de innovación.

C. Definir la oportunidad de innovación

Una vez que el equipo ha realizado la investigación y el trabajo de campo, es hora de recopilar y sintetizar todos los descubrimientos o insights, para identificar cuál es exactamente la oportunidad de innovación que existe para el reto de negocios específico.

Nosotros le aconsejamos a las empresas capturar las oportunidades de innovación utilizando el siguiente formato:

Debido a [tendencia] y a que [cliente] tienen [necesidad, insatisfacción o dolor] específicamente en [contexto], podemos usar [capacidades] para [oportunidad].

Veamos la forma cómo se vería el formato lleno para un par de oportunidades:

Debido a [la tendencia de comer saludable] y a que [las amas de casa] tienen [la necesidad de cuidar la alimentación de sus hijos] específicamente en [la lonchera que llevan sus hijos a la escuela], podemos usar [nuestras capacidades de desarrollo de alimentos de larga duración y empaques sostenibles con el medio ambiente] para [producir "snacks" bajos en grasa, sal y azúcar para las meriendas de los niños en las escuelas].

Debido al [incremento general del uso de teléfonos móviles] y a que [los clientes del banco] [odian desplazarse a nuestras sucursales y hacer fila] específicamente para [hacer trámites básicos como pagos de servicios públicos y transferencias a otros bancos], podemos usar [nuestro equipo de programadores y departamento de Tecnología de Información] para [desarrollar aplicaciones para teléfonos móviles que les permitan hacer sus transacciones bancarias desde cualquier lugar en el que se encuentren].

Talleres detonadores de oportunidades

La búsqueda de oportunidades de innovación fluye mejor cuando se sistematiza. Esto implica no dejar que suceda a la libre, sino que deliberadamente se haga responsable a un grupo de personas dentro de la organización para que analice las tendencias, investigue las necesidades de los clientes y estudie las nuevas tecnologías y capacidades disponibles para la empresa.

Para que no quede indefinido, recomendamos realizar talleres detonadores de oportunidades con cierta frecuencia (trimestral o semestralmente), y así, "cargar" periódicamente el proceso de innovación con nuevas oportunidades.

2. Generar ideas creativas

Volvamos a la fórmula de la innovación para ubicarnos en la siguiente etapa del proceso:

$$INNOVACIÓN = Oportunidad \times Creatividad \times Ejecución = Nuevo\ Valor$$

Generalmente, una oportunidad no es más que una combinación favorable de circunstancias que ocurre en un momento propicio para que la empresa emprenda una acción. Sin embargo, el solo hecho de identificar una oportunidad (una nueva tendencia, un nuevo mercado, una necesidad insatisfecha) no es garantía de éxito. Es necesario generar ideas concretas o soluciones que permitan aprovechar la oportunidad.

Algunas herramientas útiles para lograr ese objetivo son:

- Buzón de sugerencias permanentes (de empleados)

- Buzón de sugerencias permanentes (de clientes)

- Concurso o campaña masiva de ideas dirigida a empleados (con un reto o problema específico)

- Concurso o campaña de ideas dirigida a clientes (con un foco de innovación específico)

- Concurso o campaña de ideas dirigida a proveedores (con un foco de innovación específico)

- Sesión de ideación focalizada con un equipo multidisciplinario interno

- Sesión de ideación focalizada con clientes

- Software de captura y gestión de ideas

- Uso de un facilitador o consultor de innovación externo

Nuevamente, le recomendamos remitirse al Apéndice para leer una descripción más detallada de cada una.

Brainstorming: Una buena sesión de muchas malas ideas

La herramienta más utilizada para generar ideas creativas por las empresas de América Latina es, sin duda alguna, la lluvia de ideas o "*brainstorming*". Sin embargo, la mayoría de estas sesiones acaba siendo poco efectiva, ya que no se conduce de una forma adecuada.

Dentro de los errores más comunes que observamos en sesiones de lluvia de ideas se encuentran:

- No se planifican adecuadamente.

- No se invita a la gente correcta (gente con diversidad de perfiles para que aporte perspectivas diferentes).

- No se crea el clima o el calentamiento adecuado para que la gente se relaje, abra su mente y no mate las ideas.

- No se asigna un facilitador con suficiente experiencia liderando sesiones de creatividad.

- No se utilizan las metodologías de creatividad más adecuadas para el reto de negocios que se debe resolver.

- No se ha hecho trabajo previo para entender a profundidad las necesidades de los clientes.

Es común que muchas empresas se adelanten a la etapa de generación de ideas sin haber identificado adecuadamente la oportunidad de innovación, o sin realizar un trabajo de campo para entender las necesidades de los clientes. Las sesiones de creatividad que empiezan así tienden a acabar en desastre, porque las ideas, aunque creativas, no tienen ningún fundamento en la realidad del mercado y las capacidades de la empresa.

En su lugar, nosotros recomendamos llevar a cabo una **sesión de ideación focalizada**, en la que un equipo multidisciplinario genera ideas creativas alrededor de las oportunidades encontradas.

A diferencia de una lluvia de ideas o *brainstorming* tradicional, una sesión de ideación focalizada es un taller de creatividad en donde:

1. Se define muy claramente el reto o problema que se desea resolver.

2. Se abre la mente de los participantes para que piensen de forma diferente.

3. Se aplican metodologías de ideación para generar ideas de calidad, lideradas por un facilitador con experiencia.

Antes de iniciar una sesión de ideación focalizada, es necesario haber definido los focos creativos en los cuales se va a concentrar la sesión, y en la medida de lo posible, contar con un facilitador entrenado en metodologías de ideación, que puede ser interno o externo a la empresa.

También recomendamos invitar a la sesión de ideación a personas con un perfil diverso, para contar con más perspectivas diferentes durante el taller. Dentro de las personas que usualmente se invitan están los creativos de la agencia de publicidad de la empresa, así como proveedores y expertos de fuera de la organización.

Procure elegir un lugar externo a la empresa, para que el equipo pueda relajarse y salirse de la rutina laboral durante el tiempo que dure la sesión. Si tuviera que realizarse en la oficina, asegúrese de que el equipo no sea interrumpido por las presiones del día a día.

Algunas empresas van un paso más allá y crean salas de innovación dedicadas exclusivamente a estimular el pensamiento creativo, como la que se puede ver en la siguiente imagen.

Existen muchas metodologías de creatividad que su equipo de innovación puede utilizar durante la sesión. Lo más importante es que sean seleccionadas de acuerdo con el reto creativo que usted desea resolver, que el facilitador tenga muchas horas vuelo en el uso de las herramientas, y que se prepare la mente de los participantes antes de utilizarlas.

Algunos ejemplos de metodologías empleadas en empresas en América Latina para generar ideas creativas son:

- Mapas mentales (Tony Buzan)
- SCAMPER
- Pensamiento lateral (Edward de Bono)
- Los 6 sombreros para pensar (Edward de Bono)
- Estímulos aleatorios
- TRIZ
- Cuestionar o eliminar supuestos
- Redefinir el problema (inventar nuevos problemas a partir de uno específico)

Aunque cada una de estas herramientas se explica con mayor detalle en el Apéndice del libro, de seguro en Internet usted hallará muchas otros ejemplos. Sin embargo, no nos cansamos de insistir que la herramienta más efectiva será aquella que se acople a su reto de negocios, y que se debe preparar a los participantes y crear el ambiente para que piensen diferente, de forma no lineal.

Divergencia y Convergencia

Algo importante que su empresa debe considerar durante el proceso de innovación es que este oscila entre momentos de pensamiento **divergente** (buscar muchas alternativas) y **convergente** (seleccionar la mejor alternativa).

Durante el descubrimiento de oportunidades, primero se debe pensar divergentemente para explorar muchas fuentes e insumos de información, y luego pensar convergentemente para identificar en cuál de todas las oportunidades posibles vale la pena enfocarse.

De igual forma, durante la etapa de generación de ideas, se comienza a pensar divergentemente para buscar todas las alternativas posibles de solución al reto de innovación planteado, para luego pensar convergentemente y seleccionar las pocas ideas que van a pasar a las etapas de desarrollo e implementación.

Sin un conocimiento claro de la naturaleza del proceso de innovación, las empresas y los equipos pueden confundirse y pensar que siempre hay que pensar en forma divergente (buscar muchas alternativas), sin reconocer que hay momentos donde es mejor concentrarse en pocas oportunidades o ideas, pero con mayor potencial. Por la forma que tiene esta figura, en muchos procesos de innovación se le conoce como el "Doble Diamante".

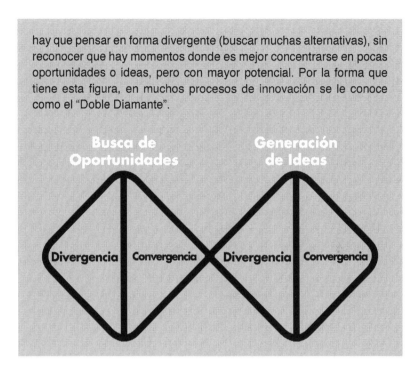

3. Evaluar las ideas

Luego de generar ideas creativas, se deben evaluar y seleccionar las que pasarán a la etapa de desarrollo.

Para esta actividad le recomendamos contar con una tabla de criterios bien definidos que permita filtrar las ideas y seleccionar las que tienen el mayor potencial de aprovechar la oportunidad de innovación.

El siguiente es un ejemplo de tabla de criterios de evaluación que desarrollamos para uno de nuestros clientes.

Criterios de Evaluación	ROJO (1 Punto)	AMARILLO (2 Puntos)	VERDE (3 Puntos)
1. Alineamiento Estratégico			
¿Qué tan bien se alinea este proyecto con nuestra actual estrategia de innovación?	No está dentro de los límites del negocio	Aporta a 1 ó 2 límites del negocio	Se enmarca dentro de los límites del negocio
2. Factibilidad			
¿Cuál es la factibilidad de implementar este proyecto con éxito en el tiempo requerido por el cliente?	Poca factibilidad de implementar este proyecto con éxito	Moderada factibilidad de implementar este proyecto con éxito	Alta factibilidad de implementar este proyecto con éxito
3. Necesidad del Cliente			
¿Qué tan bien satisface este proyecto la necesidad de nuestros clientes?	Satisface una necesidad poco importante o satisface una necesidad importante insatisfactoriamente	Satisface una necesidad moderadamente importante o satisface una necesidad importante moderadamente	Satisface una necesidad muy importante del cliente
4. Marca			
¿Qué tanto apoya o expande el posicionamiento de nuestra marca?	Daña el posicionamiento de la marca	Soporta el posicionamiento actual de la marca	Expande el potencial de la marca
5. Mercados / Ventas			
¿Qué tan atractivo es el mercado en términos de tamaño y crecimiento?	Bajo	Medio	Alto
6. Ventaja Competitiva			
¿Qué tanta ventaja competitiva sostenible podemos obtener de este proyecto?	Fácil de replicar por la competencia	Moderada dificultad de replicar por la competencia	Muy difícil de replicar por la competencia
7. Capacidades			
¿Qué tan alineadas están nuestras capacidades para implementar este proyecto?	Alineación Baja	Alineación Media	Alineación Alta
8. Impacto			
¿Cuál es el impacto económico del proyecto? (Aumento de ventas o reducción de costos, Beneficio-Costo)	Bajo	Medio	Alto
6. Riesgo			
¿Que tán riesgoso es este proyecto?	Muy riesgoso	Medianamente riesgoso	Poco riesgoso

La realidad en cualquier organización es que la innovación termina siendo un asunto de dinero y recursos, o más exactamente, la falta de ellos. Las organizaciones no disponen de recursos ilimitados, por lo que deben ser extremadamente inteligentes en la forma como los invierten. Es por esta razón que la evaluación de las ideas es un paso crítico dentro del proceso de innovación.

En general, recomendamos dos tipos de evaluaciones durante el proceso de innovación:

- **Evaluación #1 (de ideas)**

- **Evaluación #2 (de proyectos de innovación)**

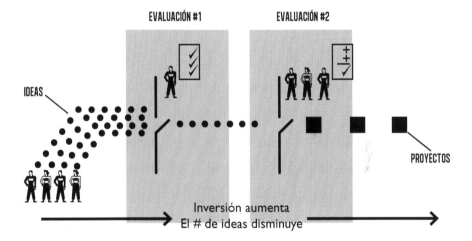

Evaluación #1 (de ideas)

Esta es una evaluación que se le aplica a las ideas generadas en la etapa de generación creativa, para identificar cuáles cumplen con los suficientes criterios estratégicos para justificar una mayor inversión de tiempo y recursos. Generalmente es una evaluación rápida, ya que a esta evaluación entran muchas ideas.

Luego de que una idea pasa la evaluación #1, es necesario asignar a un equipo que desarrolle un caso de negocios, en donde se estimen las inversiones que requerirá la idea y los beneficios potenciales que puede traer a la organización. Una vez listo el caso de negocios, este pasa a la evaluación #2.

Evaluación #2 (de proyectos de innovación)

Es una evaluación que se le hace a los casos de negocios para determinar si pasan a la etapa de desarrollo. Se realiza sobre los mismos criterios de la evaluación #1, pero contiene preguntas más rigurosas y ayuda a decidir si se debe invertir en la idea. Las ideas que pasan la evaluación #2 se convierten en proyectos de innovación.

A continuación resumimos en una tabla las diferencias fundamentales entre la evaluación #1 (de ideas) y la evaluación #2 (de proyectos).

	Evaluación #1	Evaluación #2
Objetivo:	Decidir si vale la pena invertir tiempo en desarrollar un caso de negocios para la idea.	Decidir si vale la pena convertir la idea en un proyecto de innovación e invertirle recursos.
Qué involucra:	Evaluar las ideas crudas. Por ejemplo, las ideas generadas luego de una lluvia de ideas o una campaña de innovación.	Evaluar las ideas a las que se les ha dedicado tiempo e investigación para desarrollar un caso de negocios.
Quién la usa:	Un equipo de evaluadores que va a decir si vale la pena invertir tiempo y recursos en desarrollar un caso de negocios para la idea.	Un equipo de evaluadores responsables por decisiones de inversión en proyectos de innovación.
Usar cuando:	Se debe evaluar y filtrar un gran número de ideas.	Se está evaluando una idea con un plan de negocios para convertirla en un proyecto de innovación.

Estos son algunos de los elementos básicos que debe incluir un caso de negocios presentado en la evaluación #2:

Resumen Ejecutivo: Es un resumen del proyecto de innovación que tiene la capacidad de atraer la atención de los tomadores de decisiones sobre el potencial de la idea. También conocido como Discurso de Elevador (*Elevator Pitch*), en alusión a que se pueda comunicar la idea a la Alta Gerencia en el tiempo que dura un viaje en elevador: entre 30 segundos y dos minutos.

Necesidad del Cliente: Describe claramente cuál es la necesidad del cliente que va a satisfacer el proyecto y el "insight" de la oportunidad de innovación.

Propuesta de Valor: Describe la solución que se ofrecerá a los clientes para satisfacer su necesidad, y por qué es diferente y única con respecto a lo que ofrecen los competidores.

Concepto de Negocios Detallado: Describe, a través de imágenes, cómo se tangibilizará la idea en un producto concreto. Puede incluir bosquejos, diagramas, diseños o planos.

Modelo de Negocios: Describe la forma cómo la idea le producirá dinero a la empresa, incluyendo precios, costos, márgenes, volúmenes y utilidades.

Tamaño de Mercado y Retorno Financiero: Describe el potencial de mercado que existe y el retorno financiero que obtendrá la empresa, considerando las inversiones que requiere el proyecto y los beneficios que generará.

Incertidumbres y Riesgos Clave: Describe las principales incertidumbres, riesgos e hipótesis en las que se basa el éxito del proyecto, y un plan para mitigar los riesgos en caso que ocurran.

Plan de Acción: Describe los próximos pasos requeridos para implementar el proyecto, incluyendo un cronograma detallado con las actividades y los responsables correspondientes.

No podemos enfatizar suficiente en la importancia de vender las ideas durante del proceso de innovación. Usted puede tener la mejor idea, pero si no se la vende a las personas que autorizan los recursos para hacerla realidad, nada va a suceder. El caso de negocios es el principal apoyo con el que contará el equipo de innovación para vender la idea dentro de la empresa.

El dilema de estimar las ventas de algo que nunca se ha vendido

Generalmente, las personas encargadas de estimar las ventas de un nuevo producto o un nuevo negocio son las que trabajan en los departamentos comerciales o de ventas. Sin embargo, nos llama la atención que estas personas tienden a hacer primero un estimado inicial de ventas, y luego, cuando se lo deben presentar a la alta gerencia, lo bajan.

Por ejemplo, el equipo comercial puede estimar que las ventas para un nuevo producto serán de US$1,000,000. Llegado el momento de presentar el proyecto a la alta gerencia, lo bajan a US$250,000. La razón, según nos dicen, es que si ponen en el plan de negocios que van a vender US$1,000,000 del nuevo producto, la Gerencia General incluirá esta cifra en sus metas de ventas y ellos prefieren no comprometerse para no poner en peligro su bono anual.

Por otro lado, la alta gerencia, cuando ve la cifra de US$250,000 piensa que el negocio no es atractivo. "Si pudiéramos vender al me-

---

nos US$1,000,000 sería un producto que lanzaríamos", pero al final decide no hacerlo. Este dilema lo hemos observado en infinidad de industrias a lo largo y ancho de América Latina.

Para solucionarlo, una buena opción es crear sistemas de compensación diferentes para los proyectos de innovación. Lógicamente, es más fácil estimar las ventas de un producto que se ha vendido por los últimos cinco o más años, para el cual existen estadísticas. Pero para un producto que nunca se ha vendido, es muy difícil estimar la meta de ventas.

Por eso pensamos que la alta gerencia debe dar un tratamiento diferente a los nuevos productos o negocios, sin castigar al equipo de ventas si no llega a su pronóstico de ventas.

4. Desarrollar el proyecto de innovación

Una vez que se ha identificado el proyecto de innovación en que se desea invertir, se pone en marcha su ejecución. Esta es la parte final de nuestra definición de innovación, donde las ideas para producirle valor a la empresa se hacen realidad.

El proceso de desarrollo varía de industria a industria, en términos de disciplinas, conocimientos y tecnologías empleadas.

Por ejemplo, en una empresa de alimentos masivos se necesitan conocimientos de empaques, procesos de manufactura e ingredientes, mientras que en un banco, el desarrollo de nuevos productos requiere, por lo general, de una gran participación del departamento de tecnología de información y el cumplimiento de las regulaciones financieras que exija cada país.

Durante el desarrollo del proyecto recomendamos crear prototipos y/o experimentos que permitan hacer visibles las ideas, y probarlas en pequeña escala para evaluar si los clientes o los usuarios las aceptan.

Los prototipos conllevan una gran importancia, ya que le permitirán hacer sus ideas más reales, en cualquier etapa del proceso de innovación, de manera que puedan ser experimentadas, evaluadas, mejoradas o reconsideradas.

Otros beneficios de los prototipos son:

- Ayudan a crear una visión común de una idea.

- Ayudan a derrumbar las barreras de comunicación entre departamentos.

- Ayudan a comunicar y vender una idea más fácilmente.

- Facilitan el involucramiento de las personas con el proyecto de innovación.

- Permiten recibir crítica de otras personas para mejorar las ideas.

- Contribuyen al proceso de aprendizaje al descubrir qué cosas funcionan o no de la idea.

- Ahorran tiempo.

- Permiten fracasar en las primeras etapas de un proyecto y no al final.

Los prototipos son una forma simple y práctica de empezar a experimentar con nuestras ideas y recibir retroalimentación de compañeros, clientes y proveedores, antes de invertir recursos en su desarrollo. Cuando una idea empieza a parecerse a su realización, provoca reacciones que un concepto escrito o explicado con palabras jamás podría.

El siguiente es un ejemplo de prototipo desarrollado por un equipo de innovación que estaba inventando la sucursal bancaria del futuro.

Existen muchas formas de desarrollar prototipos; desde prototipos de nuevos productos hasta prototipos de nuevas experiencias y servicios. También puede variar la calidad y el nivel de esfuerzo que se invierta en el prototipo para que se asemeje más o menos a la solución final.

Lo fascinante es que cada vez es más fácil, rápido y barato crear prototipos. Por ejemplo, existen programas informáticos que permiten diseñar prototipos de aplicaciones para teléfono móvil en muy poco tiempo, y cada vez son más populares las impresoras en 3D, que permiten generar prototipos de productos físicos en pocos minutos.

Nuestro consejo es que su empresa se tome el tiempo de investigar cuáles son las técnicas de prototipaje más adecuadas para su proyecto particular.

En el capítulo 8 usted encontrará más información sobre cómo hacer realidad sus proyectos de innovación. Solo recuerde que cuando un proyecto de innovación inicia su ejecución, debe seguir los mismos lineamientos de administración que el resto de proyectos de la organización.

5. Lanzar y comunicar la innovación

Una vez que una idea ha sido desarrollada, es necesario lanzarla al mercado, comunicarla y comercializarla.

La comunicación es la pieza del rompecabezas que une la necesidad del cliente con la solución. Le explica al público consumidor que la empresa ha resuelto un problema que tiene, y una vez que la gente lo entiende, comprará el producto y hará sonar la caja registradora.

> **Un producto extraordinario, mal comunicado se convierte en un mal producto**
>
> Cuando trabajamos con nuestros clientes, una de las actividades regulares es analizar los lanzamientos históricos de nuevos productos para identificar cuáles fueron exitosos y cuáles fracasaron, con el objetivo de detectar las causas de los éxitos y los fracasos.
>
> Dos de las causas que siempre encontramos de por qué los nuevos lanzamientos fracasan son:
>
> **1) Una comunicación inadecuada:** Nos hemos dado cuenta de que los productos que realmente son innovadores y que vienen a ofrecer al cliente atributos únicos que ningún otro producto está ofreciendo en el mercado, resultan difíciles de entender para el público general. Es ahí donde la comunicación se convierte en el factor clave para que el cliente entienda cómo el nuevo producto hará su vida más fácil.
>
> **2) Falta de apoyo al lanzamiento:** Considerando que algunas empresas lanzan varios productos al año, muchas terminan diluyendo el ya de por sí escaso presupuesto de publicidad y comunicación entre todos los productos, provocando que el apoyo al lanzamiento sea muy pobre. Cuando se analizan las causas del fracaso, los ejecutivos siempre nos dicen: "Debimos haberle invertido más al lanzamiento de este producto. Puede que el mensaje fuera el adecuado y que los medios seleccionados fueran los correctos, pero el presupuesto no permitió tener suficiente frecuencia para influenciar la mente del consumidor".

No se olvide de involucrar a la fuerza de ventas en su proceso de innovación

Un dato curioso que nos han confesado varios Gerentes de Innovación de empresas latinoamericanas, es que a pesar de contar con productos muy innovadores, éstos han fracasado en el mercado porque su fuerza de ventas no los ha impulsado.

Resulta que para los vendedores de las empresas, es mucho más fácil vender los mismos productos de siempre que atreverse a ofrecer los nuevos. De nada sirve entonces hacer un gran trabajo en su proyecto de innovación y desarrollar un producto muy innovador, si la fuerza de ventas no tiene la motivación ni el incentivo para ofrecerlo a los canales de distribución y a los clientes.

Al final, a los vendedores lo que les interesa es ganar su comisión, y, generalmente, es más fácil alcanzar esa comisión mediante productos conocidos, cuyo desempeño de ventas es más certero. En otras palabras, es más fácil venderle a un cliente los mismos helados de vainilla, fresa y chocolate, que siempre ha comprado y vendido, que intentar venderle un nuevo sabor a maracuyá que nadie sabe si será exitoso.

Por eso, no olvide alinear a su fuerza de ventas con sus esfuerzos de innovación, creando incentivos que la estimule a promover la nueva oferta de productos.

■ ■ ■

Existen ciertas metodologías avanzadas, no necesariamente relacionadas con una etapa específica del proceso de innovación, que las empresas pueden utilizar para complementar su caja de herramientas. Entre ellas destacan:

- Método de Usuarios Líderes (*Lead User Method* - Eric von Hippel)

- Pensamiento de Diseño (*Design Thinking* - David Kelley)

- Innovación Orientada a Resultados (*Outcome Driven Innovation* - Anthony Ulwick)

- Innovación Disruptiva (Clayton Christensen)

- Los 4 Lentes de la Innovación (Peter Skarzynski & Rowan Gibson)

- Estrategia de Océano Azul (W. Chan Kim & Renee Mauborgne)

- Innovación en el Modelo de Negocios (Alexander Osterwalder)

- Innovación Abierta (Henry Chesbrough)

- Co-creación con Clientes (Venkat Ramaswamy & Francis Gouillart)

- Innovación Orientada al Diseño (*Design driven innovation* - Roberto Verganti)

Algunas de estas metodologías se mencionarán en mayor detalle en el capítulo 9, o puede consultarlas en la sección de Apéndice, donde reproducimos una lista de herramientas de innovación que se pueden aplicar en cada una de las etapas del proceso de innovación. El equipo deberá seleccionar las más apropiadas según el tipo de innovación que involucra el reto de negocios, y las características únicas de su empresa y de su industria.

■ ■ ■

RECOMENDACIONES FINALES

El proceso de innovación es muy similar a otros procesos de negocios dentro de su empresa. Debe existir una clara definición del trabajo, las entradas, las salidas, quién hace qué en cada etapa y una cuidadosa definición del flujo de trabajo, de manera que los equipos entiendan los resultados que deben producir para cada actividad.

Se recomienda que un equipo centralizado sea el responsable de crear y administrar el proceso de innovación. Ese equipo también se encarga de facilitar las herramientas para cualquier persona o equipo que esté liderando un proyecto de innovación.

Durante la etapa de lanzamiento y comunicación, es importante medir los resultados de la innovación y establecer una comparación con las proyecciones realizadas en el caso de negocios del proyecto.

Tome en cuenta que el proceso de innovación no es lineal ni fluye tan ordenadamente como lo hemos descrito para propósitos didácticos en este capítulo. En la práctica, las diferentes etapas se traslapan e incluso es común que un proyecto regrese a una etapa previa. Por ejemplo, descubrir un hallazgo clave en la etapa de desarrollo puede forzar al equipo a devolverse a la etapa de descubrimiento, para cuestionar cuál es la verdadera oportunidad de innovación.

Proceso versus cultura de innovación

El proceso y la cultura son como el yin y el yang de la innovación.

El proceso es la parte "dura" de la innovación. Representa la disciplina, los pasos y las herramientas que se deben seguir para hacer realidad un proyecto de innovación. Es el "cómo" de la innovación.

La cultura es la parte "suave" de la innovación. Es la actitud y el estado mental hacia la innovación. Se muestra a través de las conductas, los valores y las historias que se viven en la organización.

Una empresa puede tener la mejor cultura de innovación, pero si no cuenta con un proceso robusto, no llegará muy lejos. Por el contrario, la empresa puede tener el mejor proceso de innovación, pero si su gente no vive la pasión por innovar ni está dispuesta a cuestionar el status quo, correr riesgos y probar cosas nuevas, el mejor proceso no la llevará muy lejos en su viaje.

■ ■ ■

El siguiente paso es definir las métricas que se utilizarán para medir la efectividad de cada una de las etapas del proceso y los resultados del mismo. Con ese objetivo en mente hemos preparado el capítulo 4, ¡vamos!

RESUMEN DEL CAPÍTULO

Si su empresa desea innovar, necesita un proceso que le permita tener una mayor velocidad al mercado, aumentar su tasa de éxito en el lanzamiento de nuevos productos, y ser más eficiente en el desarrollo de los proyectos innovadores.

Hay cinco etapas generales que componen un proceso de innovación:

1. **Identificar oportunidades de innovación**
2. **Generar ideas creativas**
3. **Evaluar las ideas**
4. **Desarrollar el proyecto de innovación**
5. **Lanzar y comunicar la innovación**

Debido a que los recursos de las empresa son escasos, asegúrese de tener "puertas" entre cada etapa del proceso que le permitan tomar decisiones sobre cuáles ideas merecen continuar. Es preferible matar un proyecto oportunamente, antes de invertir una gran cantidad de recursos en una idea con poco potencial.

La diferencia en los resultados que usted obtenga con su proceso de innovación dependerá de las herramientas y metodologías que elija. Por eso, asegúrese de poner a disposición de los colaboradores de la empresa una amplia caja de herramientas para cada una de las etapas del proceso.

Recuerde que, al igual que sucede con cualquier proceso dentro de su empresa, el proceso de innovación requiere una clara definición del trabajo, las entradas, las salidas, quién hace qué en cada etapa, y una cuidadosa definición del flujo de trabajo. Esto debe apoyarse con el desarrollo de una cultura de innovación que cree un clima en donde se pueda cuestionar el status quo y las personas estén dispuestas a asumir riesgos.

Mantenga un balance entre la libertad y la disciplina. Es exactamente como tener un pájaro en la mano. Si se presiona muy duro, con un proceso muy rígido y burocrático con muchos formularios que llenar, se puede matar la innovación. Pero si no se sujeta bien, el pájaro queda libre para escaparse a placer. La clave está en diseñar un proceso simple y flexible que sirva de guía en el desarrollo de innovaciones, sin llegar a ser excesivamente complejo.

GUÍA PARA LA ACCIÓN

- Si su empresa no cuenta con un proceso de innovación formal, reúna a un equipo multidisciplinario y diseñe un proceso que se adapte a la realidad y necesidades de su empresa.

- Si su compañía ya cuenta con un proceso de innovación formal, revíselo contra los consejos que presentamos en este capítulo y busque oportunidades para mejorarlo.

- Investigue las metodologías de innovación que aparecen en el Apéndice del libro y evalúe cuáles le pueden ayudar a su empresa.

- Implemente un plan para pilotear su nuevo proceso de innovación, de manera que le permita obtener una victoria rápida y convencer a la organización de que sí es posible innovar de forma sistemática.

4

MÉTRICAS

¿Cómo se mide la innovación en la empresa? ■

¿Cuáles métricas puedo utilizar y en qué momento? ■

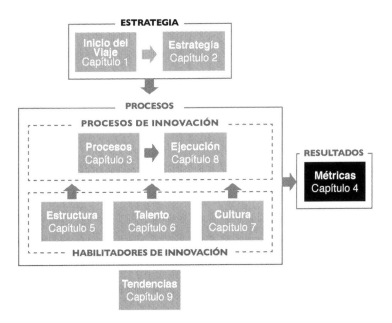

¿CÓMO SE MIDE LA
INNOVACIÓN EN LA EMPRESA?

Siempre que los ejecutivos de una empresa nos asegura tener un programa de innovación muy robusto y completo, lo primero que les pedimos es que nos muestren las métricas de innovación. La respuesta, en el 99% de las veces, es un rotundo silencio. Esto confirma que en América Latina existe un gran desconocimiento sobre cómo medir la innovación.

De hecho, cuando hicimos la encuesta para este libro de cuáles eran los temas que generaban más interés entre la gente, el que salió favorecido por aplastante mayoría fue, justamente, cómo medir la innovación en una empresa.

Reflexionando sobre el resultado, concluimos que la innovación sigue siendo un tema confuso, intangible, casi rozando lo esotérico, y pareciera que la necesidad de la gente se puede resumir en:

> **"Dígame cómo puedo TOCAR la innovación, dígame cómo la puedo medir".**

Ya hemos dicho que si la innovación no hace sonar la caja registradora para una empresa con fines de lucro, **significa que no está innovando.** Por eso resulta imprescindible definir **métricas** que permitan evaluar si los esfuerzos de innovación van por buen camino y están produciendo resultados tangibles.

Las métricas nos dicen si los esfuerzos de innovación están produciendo resultados tangibles."

Lo que no se mide, no se puede mejorar

Un refrán popular en el mundo de la administración dice así: "lo que no se mide, no se puede mejorar". Como insistimos a lo largo de este libro, la innovación debe gestionarse al igual que se gestionan los recursos humanos, las finanzas o las ventas. Por eso hay una necesidad latente de medirla, de identificar cuáles son las ideas que están dejando más ganancias a la organización, y de evaluar el avance en la creación de una cultura de innovación, entre otras cosas.

Gracias a las métricas le podemos demostrar a la alta gerencia que los recursos de tiempo y dinero invertidos en el proceso de innovación realmente contribuyen al crecimiento, la ventaja competitiva y la rentabilidad de la empresa.

Sirven, además, para despertar un sentido de urgencia y crear compromiso en la organización. Si empleamos métricas adecuadas, el mensaje que se envía a la compañía es que la innovación es un proceso relevante, que genera un retorno indiscutible sobre la inversión.

¿CUÁLES MÉTRICAS PUEDO UTILIZAR Y EN QUÉ MOMENTO?

Métricas de entrada, de proceso y de salida

Para medir de forma balanceada los esfuerzos que está realizando su empresa en innovación se recomienda utilizar métricas de entrada, de proceso y de salida. A continuación profundizaremos en cada tipo.

Métricas de entrada

Las métricas de entrada representan indicadores de esfuerzo o de insumos que alimentan al proceso de innovación.

Si definimos únicamente métricas de salida, puede que el proceso de innovación demore mucho tiempo en generar resultados tangibles que se vean reflejados en ellas. Por ello, es conveniente tener métricas que indiquen los recursos y el esfuerzo que le estamos dedicando a la innovación.

Las métricas de entrada aseguran que exista tiempo y recursos para que la gente pueda dedicar a actividades relacionadas con la innovación. En muchas compañías, el único recurso verdaderamente escaso no es el dinero sino el tiempo, pues las actividades del día a día atrapan al personal. Garantizar que la gente emplee una porción sustancial de su tiempo en innovación ayuda a que los esfuerzos de innovación progresen.

De acuerdo con nuestra experiencia, las siguientes métricas de entrada han resultado muy útiles para cuantificar el progreso de los esfuerzos de innovación en empresas latinoamericanas:

• Número de trabajadores capacitados en innovación y creatividad

• Tiempo invertido de los directores en actividades de innovación

• Número de estudios de mercado realizados para entender las necesidades insatisfechas de los clientes

• Número de clientes entrevistados al año para entender sus necesidades

• Número de ideas por colaborador de la empresa por año

• Número de campañas masivas de ideas realizadas por año

• Número de fuentes utilizadas para descubrir oportunidades de innovación

• Número de prototipos o experimentos realizados

• Recursos financieros dedicados a innovación

• Número de patentes registradas

• Número de redes de las que forma parte la empresa para identificar oportunidades de innovación

No olvide que siempre es más fácil hablar sobre métricas que implementarlas. Por ejemplo, "número de ideas generadas" pareciera un factor fácil de medir. No obstante, si su organización conduce demasiadas sesiones de generación de ideas, podría encontrar dificultad para llevar un registro apropiado de las ideas que se generan.

Entonces, si escoge un indicador determinado, asegúrese de saber **cómo y cuándo** va a recolectar la información.

Métricas de proceso

Las métricas de proceso nos permiten evaluar lo que sucede dentro de su sistema de innovación. Miden la capacidad que tiene la empresa en convertir las ideas en dinero, desde que se conceptualiza una idea hasta que se ejecuta.

Estas métricas responden directamente al tipo de industria. Algunas industrias se mueven del cuaderno de bocetos a las pruebas de producto en cuestión de semanas, mientras que otras requieren años de trabajo científico para crear un prototipo significativo.

Nosotros recomendamos las siguientes métricas de proceso:

- Nivel de participación del personal en el programa de innovación (personas que se involucran en generar, evaluar o implementar ideas como porcentaje del total de colaboradores de la empresa)

- Tiempo promedio de evaluación de la ideas (desde que son presentadas hasta que son aprobadas para implementarse)

- Porcentaje de ideas o proyectos aprobados en cada etapa del proceso de innovación

- Tasa de implementación del total de ideas que ingresan al sistema (porcentaje de ideas que se implementa del total recibido)

- Días necesarios para desarrollar un prototipo

- Tiempo promedio desde que se genera una idea hasta que se lanza al mercado (*time to market*)

- VAN (Valor Actual Neto) del portafolio de proyectos de innovación

Las métricas de proceso dan una idea de qué está pasando dentro del sistema de innovación, y permiten identificar en dónde se puede trabajar para mejorar su desempeño.

Métricas de salida

Las métricas de salida miden los resultados tangibles del proceso de innovación y su impacto en el estado de resultados de la empresa. Debido a que la innovación debe verse como una inversión, es muy importante saber cuál es el retorno que está produciendo la misma.

A continuación le mostramos algunas métricas de salida que hemos visto o recomendado en empresas latinoamericanas:

- Cantidad de nuevos productos o servicios lanzados al mercado por año

- Porcentaje de las ventas anuales que proviene de nuevos productos (por ejemplo, productos lanzados en los últimos tres años)

- Nivel de satisfacción del cliente

- Porcentaje de participación de mercado o market share

- ROI (Retorno sobre la Inversión) por idea implementada

- ROI (Retorno sobre la Inversión) del programa de innovación total (considerando todas las inversiones y retornos)

- Porcentaje de proyectos exitosos (proyectos que alcanzaron o superaron las expectativas de ventas o ahorros)

Recomendamos utilizar una plantilla en donde se registre el estado actual de cada métrica utilizada por la empresa, junto con su respectiva meta y plazo para alcanzarla, similar a esta:

MÉTRICA		Base (Estado Actual)	Meta	Plazo
Entrada				
Proceso				
Salida				

Así, la empresa puede organizar sus métricas con un balance entre métricas de entrada, proceso o salida. Lo más importante es que establezca metas para cada indicador y que se indique el plazo en que se van a cumplir, preferiblemente en coincidencia con los objetivos de innovación y la estrategia del negocio.

Observemos enseguida cómo luce una de estas plantillas para una compañía de comunicaciones y periódicos con la que trabajamos en América del Sur.

MÉTRICA			Base (Estado Actual)	Meta	Plazo
	Entrada	Número de empleados capacitados en innovación	25%	100% de los empleados capacitados	2 años
		Tiempo empleado de los directores en actividades de innovación	5%	15% medido por cuatrimestre	2 años
		Número de clientes entrevistados	500 por año	80 por mes	1 año
	Proceso	Nivel de participación en el programa de ideas	20%	40% medido por cuatrimestre	1 año
		Valor presente del portafolio de ideas	US$500,000	US$2,000,000	3 años
		Tiempo promedio de evaluación de las ideas	5 semanas	3 semanas	6 meses
	Salida	Número de nuevos productos o servicios desarrollados	10	20, a partir de 2012	1 año
		Porcentaje de ventas proveniente de nuestros productos	5%	10%	2 años
		Satisfacción del cliente	83%	90%	1 año

Recomendamos que las métricas de innovación sean compartidas por todas las direcciones, gerencias y jefaturas de la empresa, de modo tal que la organización esté alineada alrededor de los mismos objetivos. Las métricas deben ser aprobadas por las Direcciones de la empresa para que se les brinde el apoyo necesario, ya que muchas veces requieren recursos para su cumplimiento.

Adicionalmente, es esencial incluir estas métricas dentro del sistema de evaluación del desempeño, reconocimientos, incentivos y bonos anuales de los ejecutivos de la compañía. Así se garantiza que los ejecutivos tengan dentro de sus prioridades alcanzar las metas de innovación definidas en las métricas.

¿Por dónde empezar? Métricas básicas

Con tantas métricas a su disposición, nos imaginamos que usted se preguntará: ¿Por dónde empiezo?

Una de las recomendaciones que hacemos a las empresas que apenas inician su viaje de la innovación es que establezcan una serie de **métricas básicas** de entrada, proceso y salida, que evalúen si sus esfuerzos están mejorando en el tiempo. Por ejemplo:

MÉTRICA			AÑO 1	AÑO 2	AÑO 3	AÑO 4	AÑO 5
	Entrada	% de empleados capacitados en innovación	25%	50%	75%	100%	100%
		Total de ideas por año	141	286	433	583	736
		Número de ideas por empleado por año	0.10	0.20	0.30	0.40	0.50
	Proceso	Ideas implementadas por año	3	9	17	9	37
		Tasa de implementación	2%	3%	4%	5%	5%
	Salida	Beneficio por idea implementada	US$2,500	US$7,000	US$12,000	US$25,000	US$57,000

Esto es lo mínimo que le aconsejamos registrar en el primer año de su programa de innovación. Una vez que usted empieza a registrar esas métricas, puede empezar a observar cómo su empresa va mejorando en el tiempo.

Analicemos el caso de una empresa multinacional productora de cemento en Centroamérica que nos compartió tres años de sus métricas básicas.

BENCHMARKS

RESULTADOS	2009	2010	2011*
Ideas ingresadas	76	173	147
Ideas implementadas	1	19	26

	2009	2010	2011*
Ideas por persona por año	0.21	0.47	0.40
Tasa de implementación	1.31%	10.98%	17.68%

*A setiembre de 2011

Tipo de idea ▶	Estrellas	Manzanas	Pelotas	Huevos
TOTAL 385	87	163	86	49
	22%	42%	22%	12%

Evidentemente, esta empresa mide las ideas ingresadas y las ideas implementadas por año. Los datos también permiten apreciar el número de ideas por persona por año y la tasa de implementación (es decir, el porcentaje de ideas implementadas del total de ideas generadas por los colaboradores).

En el caso anterior, la empresa ha mejorado su capacidad de implementar ideas con el tiempo, de un 1.31% a un 17.68%; sin embargo, no cuantifica los beneficios económicos (ingresos o ahorros) producidos por dichas ideas.

Algo interesante de esta empresa es que mide la calidad de las ideas que recibe del personal al clasificarlas en estrellas, manzanas, pelota y huesos, según la siguiente tabla:

EVALUACIÓN DE IDEAS

El uso de una clasificación gráfica (iconográfica) le ayuda a la gente a entender cómo fue clasificada su idea

IDEAS HUESO

No tienen carne. Poco o nulo valor y dudosa factibilidad.

IDEAS PELOTA

Para rebotar, valiosa, innovadora pero de factibilidad dudosa.

IDEAS MANZANA

Fáciles de implementar en corto plazo, de mediano o bajo valor y mediana o poca innovación.

IDEAS ESTRELLA

Factibles, de valor mediano o alta innovación, implantables. Hay que justificar la inversión.

Es importante un equilibrio en el portafolio de ideas donde haya un mayor número de "manzanas", como es lógico, pero a la vez ir desarrollando unas cuantas "estrellas" e incubando unas pocas "pelotas".

La tabla permite a la empresa corroborar si la calidad de sus ideas ha ido mejorando a través del tiempo. Además, se puede apreciar que la mayoría de las ideas, un 42%, cae en la categoría de ideas **incrementales** o **manzanas**, como se les llama en la jerga de la compañía.

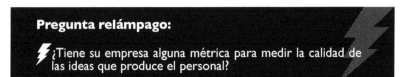

Pregunta relámpago:

¿Tiene su empresa alguna métrica para medir la calidad de las ideas que produce el personal?

¿Estoy generando e implementando suficientes ideas?

Con frecuencia, los empresarios nos plantean la siguiente pregunta:

"Estoy generando 0.5 ideas por empleado al año y tengo una tasa de implementación del 7%? ¿Es esto bueno o malo?"

La respuesta inmediata es que no existe una regla para cada industria y tamaño de empresa; sin embargo, en Innovare hemos realizado diversos estudios de *benchmarking* entre empresas para ayudar a identificar si el desempeño de su programa de innovación es el adecuado y si se puede mejorar.

En la siguiente tabla le invitamos a conocer las métricas de innovación para tres diferentes empresas de diverso tamaño e industria.

BENCHMARKING DE INNOVACIÓN	DATOS 1	DATOS 2	DATOS 3
Tamaño de empresa(grande/mediana/pequeña)	Grande	Mediana	Grande
Cantidad total de colaboradores	4,363	800	1,991
Cantidad de colaboradores que participan en programa de innovación (valor absoluto)	4,363	110	736
Cantidad de colaboradores que participan en programa de innovación (valor porcentual)	100%	14%	37%
Cantidad de años de contar con un proceso sistemático de generación de ideas	2	1.5	4
Posee software para ingreso de ideas	Sí	No	Sí
Posee programa de capacitación e-learning	Sí	No	Sí
Posee comité de evaluación de ideas	Sí	Sí	No
Posee programa formal de generación de cultura y reconocimiento a la innovación	Sí	Sí	Sí

BENCHMARKING DE INNOVACIÓN	DATOS 1	DATOS 2	DATOS 3
Porcentaje de utilidades de la empresa generada por el programa de innovación 2010	2.50%	2%	Lo determinan al cierre del año
Cantidad de campañas de ideas realizadas en 2010	1	10	5
Total de campañas de ideas realizadas desde que inició el programa de innovación	3	10	6
Tipos de campañas realizadas en 2010 (temas: eficiencia, nuevos productos, experiencia del cliente, responsabilidad social corporativa, otro)	Tema libre	Experiencia de marca, innovación en producto, eficiencias y ahorros en procesos	Aumento de volumen de ventas
Total de ideas recibidas en campañas realizadas en 2010	1,339	54	186
Total de ideas recibidas desde el inicio del programa	2,409	159	230
Total de ideas aprobadas en 2010	84	24	107
Total de ideas rechazadas en 2010	2,325	30	25
Efectividad de ejecución(total de ideas ejecutadas/total de ideas aprobadas)	53%	20%	22%

Con base en nuestra experiencia en América Latina, cuando una empresa inicia un programa de innovación y le solicita ideas a todos sus colaboradores a través de campañas masivas de ideas, es bastante factible obtener, para el primer año del programa, tasas de 0,50 ideas por colaborador, de las cuales se aprobarán para ejecución entre un 5% a 10 % del total de ideas recibidas.

Esto significa que si su organización tiene 1,000 colaboradores, usted puede esperar recibir como mínimo unas 500 ideas por año, y alrededor de 25 a 50 serán aprobadas como proyectos de innovación.

Otra métrica que nos parece muy interesante, pero que al mismo tiempo arroja resultados poco atractivos, es el porcentaje de ideas implementadas. De forma habitual, el índice de efectividad de ejecución de los proyectos de innovación que hemos visto en las empresas latinas oscila entre un 23% y 50%. Esto significa que del total de ideas aprobadas para implementarse como proyectos de innovación, sólo ese porcentaje se implementa en la práctica.

Lo anterior coincide con nuestra visión y experiencia de que en los sistemas de innovación de nuestras empresas, el problema no es únicamente generar ideas, sino implementarlas. Hacerlas realidad.

De ahí que todo el capítulo 8 esté dedicado a ese tema.

Alineamiento entre las métricas y los mecanismos de medición

Una idea que no es seleccionada ni implementada no necesariamente es una idea mala, sino un reflejo del propio sistema de evaluación.

Haciendo una analogía con el sistema de inspección de un producto, si los aparatos de medición están fuera de calibración, los criterios entre los diferentes inspectores no están homologados, el método de inspección no es estándar, podemos estar rechazando miles de productos en buenas condiciones.

Ha sucedido el caso de una idea que es rechazada en primera instancia, y tres años después esa misma idea resulta ser la mejor del año.

Por esta razón, las métricas que se definan para evaluar cualquier tipo de resultados (en este caso, la innovación), deben contar con aparatos de medición confiables y acordes con lo que se quiere medir.

- ¿Cómo selecciona su empresa los comités de evaluación?

- ¿Cuáles son los criterios de evaluación?

- ¿Cuántas ideas potencialmente "estrella" son rechazadas?

Cómo alinear las métricas de salida con las de entrada

Hemos notado que algunas empresas, al inicio de su proceso de innovación, se preocupan por definir las métricas globales de salida (incremento de ventas por proyectos de innovación, utilidades obtenidas, retorno de inversión), y en muchas ocasiones estas métricas no se alinean hacia el interior del proceso con las métricas de entrada.

Por ejemplo, para obtener las metas definidas en la estrategia de innovación de la empresa: ¿Cuántos proyectos necesito? ¿De qué tipo de innovación? ¿Cuántas ideas debo generar para obtener estos proyectos? ¿Cuáles van a ser las fuentes de generación de ideas?

Sugerimos utilizar una tabla como la siguiente, en donde se vinculen las métricas globales de salida con métricas más específicas de entrada y de proceso que se puedan desplegar hacia el interior de la organización.

Estrategia de Innovación		Nuevos Productos	Nuevos Procesos	Nuevos Modelos de Negocios
Nivel de Innovación		Radical	Incremental	Transformacional
Meta de Innovación Año 1		US$1,000,000	US$500,000	US$500,000
Forma de Generar Ideas		Equipos Multidisciplinarios	Campaña Masiva de Ideas	Equipos Multidisciplinarios
Fuentes de Ideas	Proveedores	x	x	
	Estudios de Mercado			x
	Consultores			x
	Universidades	x	x	x
	Análisis de Tendencias	x		
Meta de Ideas		50	100	10
Proyectos a Implementar		5	10	1
Beneficios del Proyecto		US$200,000	US$50,000	US$500,000

En el caso vemos que la meta de salida global es de US$2,000,000 para el primer año y que se obtendrá a través de tres tipos de innovación: innovación de productos (US$1,000,000), innovación de procesos (US$500,000) e innovación de modelo de negocios (US$500,000).

Para cada tipo de innovación se indica el nivel de innovación que se desea, la forma como se van a generar ideas y las posibles fuentes a utilizar.

Finalmente, se define una meta de ideas, el número de proyectos a implementar (asumiendo una tasa de aprobación de proyectos del 10% de las ideas generadas), y el beneficio promedio que debe tener cada proyecto si se desea alcanzar la meta global de la compañía.

Esta herramienta nos ayuda a vincular efectivamente las métricas de salida con las métricas de entrada, de proceso y con la estrategia de innovación de la empresa.

■ ■ ■

Conforme la organización va madurando en su viaje de la innovación, es conveniente que modifique sus métricas. Al principio se sugiere trabajar en las métricas de entrada, como capacitación o número de ideas por colaborador. Luego se va llenando la "tubería" con proyectos de innovación, y poco a poco, se puede empezar a capturar las métricas de proceso y salida, como las utilidades que produzcan dichos proyectos.

El procedimiento de llenar las métricas puede resultar lento, pero a la larga resulta indispensable para contar con indicadores del desempeño innovador, que permitan mejorar y madurar año con año.

Aquí proponemos decidir con qué frecuencia se quiere medir y presentar reportes a la gerencia. ¿Mensualmente? ¿Por cuatrimestre? Asegúrese de medir con suficiente frecuencia para llevar el pulso de la innovación, pero sin agobiar a los equipos con exceso de trabajo.

Resista la tentación de llevar un control de todos los parámetros posibles. Hemos visto a muchas organizaciones caer en la trampa de querer medir muchas métricas y al final no dar el seguimiento adecuado a ninguna. Seleccione un conjunto manejable de métricas y mídalas con diligencia.

"

*Enfóquese en métricas simples, significativas e
intuitivas. Evite las métricas complejas."*

Pero sobre todo, evite las métricas complejas. Enfóquese en **métricas simples**, significativas e intuitivas. Estas tendrán mayor impacto si se comparten en toda la compañía, desde la junta directiva hasta el piso de las tiendas o la planta.

Pregunta relámpago:

⚡¿Tiene su empresa las métricas adecuadas para evaluar y mejorar sus esfuerzos de innovación?

Finalmente, recuerde la importancia de la comunicación. Las métricas deben ser desplegadas a todos los involucrados, la gente debe conocer cuáles son las métricas, y su avance. Si no hay comunicación, es muy difícil que la gente conozca los esfuerzos de innovación y que colabore para que se den los resultados.

IMPORTANTE

Antes de diseñar un sistema de métricas, compruebe si ya existen otros indicadores comúnmente utilizados en la organización. Si su compañía es una veterana de la innovación, es posible que otros gerentes ya estén usando algún tipo de métrica de innovación.

Determine si estas métricas se adaptan a sus necesidades. Si la estandarización es prioridad, trate de buscar un consenso en el conjunto de métricas con otros gerentes, especialmente si su empresa opera en varios países y le interesa comparar el desempeño innovador de cada uno de los países.

En la misma línea de pensamiento, procure conciliar métricas con metodologías existentes. Si su empresa utiliza una metodología como el *Balanced Scorecard*, busque un punto de encuentro entre sus métricas de innovación y las métricas existentes.

Obviamente ambas deben estar alineadas, pero la visión de la innovación es mucho más específica.

Ahora que usted tiene claro cómo va a medir la innovación, necesita implementar procesos habilitadores que hagan los resultados sostenibles en el tiempo. Uno de esos habilitadores es la estructura de apoyo de la innovación.

En el próximo capítulo le mostraremos diversos modelos de estructuras que utilizan empresas latinoamericanas, así como los principales roles involucrados en su ejecución.

RESUMEN DEL CAPÍTULO

En América Latina existe un gran desconocimiento sobre cómo medir la innovación. Esto representa un problema, porque sin métricas no es posible evaluar si los esfuerzos de innovación van por buen camino, y dificulta la tarea de demostrar a la alta gerencia que los recursos de tiempo y dinero invertidos en el proceso de innovación están contribuyendo al crecimiento, la ventaja competitiva y la rentabilidad de la empresa.

Las métricas correctas pueden ayudar a las empresas a enfocar y mejorar sus esfuerzos de innovación. Recuerde que lo que no se mide, no se puede mejorar.

Para medir de forma balanceada los esfuerzos que está realizando su empresa en la innovación, se recomienda utilizar métricas de entrada, de proceso y de salida.

Las métricas de entrada representan indicadores de esfuerzo o de insumos que alimentan al proceso de innovación, como por ejemplo, el número de personas que usted ha capacitado en innovación y creatividad.

Las métricas de proceso nos permiten evaluar lo que sucede adentro de su sistema de innovación. Miden la capacidad que tiene la empresa en convertir las ideas en dinero, desde que se conceptualiza una idea hasta que se ejecuta, como por el ejemplo el tiempo de lanzamiento de nuevos productos.

Las métricas de salida miden los resultados tangibles del proceso de innovación y su impacto en el estado de resultados de la empresa, como por ejemplo el porcentaje de ventas que provienen de los nuevos productos.

Cada organización es diferente, y por lo tanto, usted debe seleccionar las métricas que más le convengan según su tamaño, industria, recursos, objetivos y madurez. Las recomendaciones expuestas a lo largo del capítulo son guías generales que cada empresa debe adaptar a su realidad particular.

Le aconsejamos comenzar a medir métricas básicas de entrada e ir avanzando gradualmente en la medición de métricas de proceso y de salida. Manténgase alerta a las trampas, como enfocarse en muy pocas (o demasiadas) métricas, no definir una meta clara para cada una de ellas, o no actualizarlas conforme madura la empresa en su viaje de la innovación.

GUÍA PARA LA ACCIÓN:

- Reúnase mañana con su equipo y defina cuáles son las métricas que utilizará para medir si sus esfuerzos de innovación son exitosos.

- Defina una meta concreta para cada una de las métricas y empiece a trabajar duro para alcanzarlas.

- Defina un periodo en el cual le gustaría revisar y comunicar las metas a la alta gerencia y al resto de la organización (por trimestre, cuatrimestre o semestre).

5

ESTRUCTURA

¿Por qué es necesaria una estructura para ■
apoyar la innovación?

¿Cuál estructura debe implementar una empresa ■
para apoyar la innovación?

¿Es necesario nombrar a un Gerente ■
de Innovación?

¿Cuáles otros roles son importantes dentro ■
de la estructura?

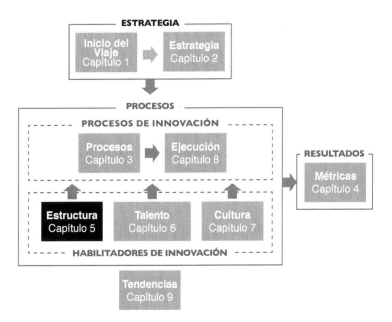

¿POR QUÉ ES NECESARIA UNA ESTRUCTURA PARA
APOYAR LA INNOVACIÓN?

De acuerdo con nuestra experiencia, la excusa número uno para no innovar es "No tengo tiempo". Por esta razón, toda empresa que realmente vea la innovación como un proceso crítico de negocios, debe comprometerse a crear una estructura formal, con roles y responsabilidades, que apoye a los colaboradores en la generación y ejecución de ideas innovadoras.

En el capítulo 4 hablamos de un equipo centralizado, que tiene a su cargo la creación y administración del proceso y la metodología de innovación. Este equipo, al cual nos referiremos de ahora en adelante como la **estructura de innovación**, es el responsable de garantizar que el proceso de innovación funcione dentro de la empresa.

A lo largo del capítulo examinaremos ejemplos de estructuras para apoyar la innovación que han creado diferentes organizaciones en América Latina. Usted podrá tomar lo que funcione mejor para el entorno particular de su negocio.

IMPORTANTE

La estructura es el puente para asegurar que los esfuerzos de innovación se sostengan en el tiempo, que no se pierda ninguna buena idea en la organización, y que se puedan conducir por buen camino hasta su exitosa implementación.

¿CUÁL ESTRUCTURA DEBE IMPLEMENTAR UNA EMPRESA PARA APOYAR LA INNOVACIÓN?

No hay tal cosa como un modelo único que se le pueda recomendar por igual a todas las organizaciones. La estructura de innovación se debe diseñar **a la medida**, en sincronía con los objetivos que cada empresa persiga con la innovación, así como con el tamaño, tipo de industria y recursos con los que cuente.

"

No hay un modelo único.
La estructura se debe diseñar a la
medida."

Es por ello que decidimos compartir algunas estructuras de innovación que hemos encontrado, o bien, ayudado a crear, en diversas empresas de América Latina.

Mientras examina estas estructuras con detenimiento, le invitamos a pensar cuál sería la mejor opción para apoyar la innovación en su propia empresa.

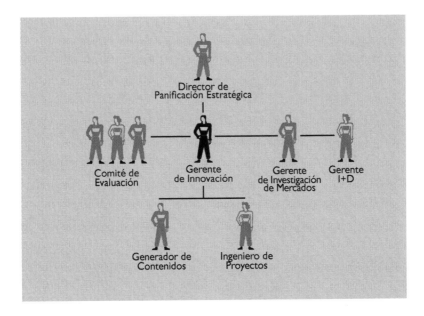

La empresa **DEMASA**, parte del **Grupo Gruma** en México, definió una estructura de innovación liderada por el Director de Planificación Estratégica, que a su vez reporta al Director General de la empresa. Para lograr que la innovación fuera una realidad, nombraron a un Gerente de Innovación a tiempo completo, quien sería apoyado por un Comité de Evaluación de ideas integrado por un equipo multidisciplinario de gerentes de la empresa.

El Gerente de Innovación cuenta con el apoyo de dos personas a tiempo completo. La primera, el Generador de Contenidos, se encarga, como su nombre lo indica, de generar contenidos para motivar, inspirar y capacitar a todo el personal de la empresa a innovar. La segunda persona, el Ingeniero de Proyectos, se encarga de dar seguimiento a los proyectos de innovación para asegurar su cumplimiento.

Adicionalmente, DEMASA enlazó su estructura con dos departamentos que son fundamentales para apoyar los esfuerzos de innovación: el Departamento de Investigación de Mercados y el Departamento de Investigación y Desarrollo (I+D).

Como referencia, esta estructura se definió inicialmente para una empresa de 500 personas. Luego fue creciendo para apoyar la gestión de la innovación en otros países en donde opera.

■ ■ ■

La siguiente estructura pertenece a una empresa de productos de consumo masivo. En ella podemos ver que el área de innovación reporta directamente al Gerente General, y los esfuerzos son liderados por lo que llaman un Líder de Innovación.

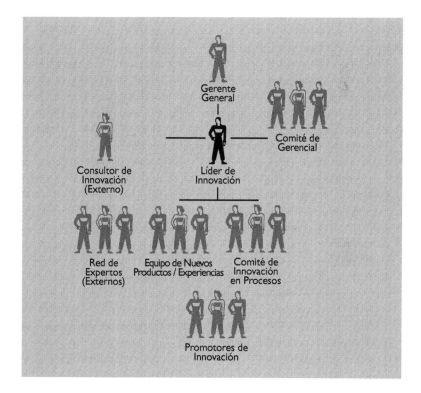

Es interesante notar cómo se formaron dos equipos multidisciplinarios para apoyar los esfuerzos de innovación; uno es el Equipo de Innovación en Nuevos Productos y Experiencias y otro el Equipo de Innovación en Procesos. Esta estructura responde directamente a la estrategia de innovación de la empresa y a los dos focos más importantes donde se desea generar ideas. Ambos equipos tienen la responsabilidad de liderar la generación de nuevas ideas, así como de evaluarlas y asegurar que los proyectos de innovación se ejecuten.

Además, la empresa definió Promotores de Innovación para facilitar los esfuerzos de innovación en las diferentes áreas. Estas personas son líderes que ayudan al Gerente de Innovación a estimular la generación de ideas en sus departamentos, y a ayudar a las pesonas que tienen ideas a desarrollar los casos de negocios para presentarlas ante el comité de evaluación de la empresa.

También aparecen dos figuras externas a la organización que juegan un papel fundamental.

Por un lado, se cuenta con un Consultor de Innovación, y por otro, con una Red de Expertos. El Consultor de Innovación tiene el rol de traer una visión externa y fresca a la empresa para ayudar a los altos gerentes de la empresa a cuestionar sus paradigmas. También, considerando que el líder de innovación era nuevo en su cargo y no tenía mucha experiencia previa en innovación, el Consultor le da *coaching* para ayudarlo a desarrollarse y desempeñar su puesto exitosamente.

La Red de Expertos (Externos), por su parte, está conformada por un grupo élite de visionarios, creativos e influenciadores de diversas industrias, que tiene como objetivo discutir las tendencias más importantes en los temas de alimentos, sabores, recetas, salud, tecnologías y hábitos de consumo, para identificar oportunidades de innovación.

Este es un grupo creado exclusivamente con el fin de implementar conceptos de Innovación Abierta y traer ideas frescas y diferentes de afuera de la organización. Analizaremos con más detalle el tema de innovación abierta en el capítulo 9.

■ ■ ■

La siguiente es la estructura de innovación de una compañía farmacéutica que opera en Centroamérica y el Caribe. Aquí, los esfuerzos de innovación los lidera una Gerente de Innovación, bajo el simpático avatar de una Chica Super Poderosa[12].

---

12 Aunque algunos pueden percibir como algo informal o poco serio el hecho de que la Gerente de Innovación use este avatar, cuando hablamos de innovación, un poco de sentido del humor e irreverencia ayuda a hacer el proceso más divertido.

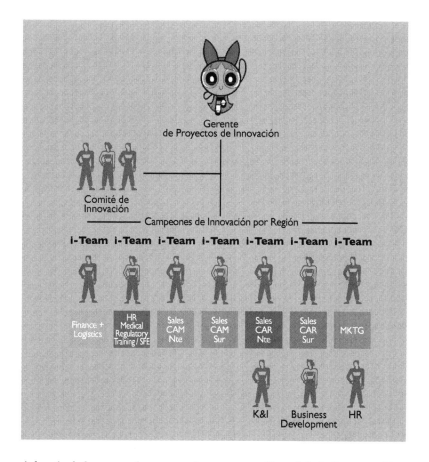

Además de los sospechosos usuales, como un **Comité de Innovación**, lo interesante es que por la naturaleza de la empresa y su dispersión geográfica entre Centroamérica y el Caribe, se decidió crear **Campeones de Innovación** para cada una de las regiones donde opera (CAM = Centroamérica y CAR = CARIBE), así como para los departamentos clave (Finance+Logistics, HR-Medical-Regulatory-Training-SFE).

Otro concepto destacable en esta estructura es la creación de **i-Teams** (*Innovation Teams*) o equipos de innovación bajo el liderazgo de cada Campeón de la Innovación. Estos tienen miembros multidisciplinarios que trabajan de forma temporal y rotativa en la generación de ideas y la implementación de proyectos de innovación.

Finalmente, se puede apreciar cómo se integraron otras áreas clave a la estructura de innovación como K&I = Knowledge and Insights, quienes se encargan de traer la información sobre las necesidades que existen en el mercado; Business Development, responsables de liderar el desarrollo de nuevos negocios; y HR (Recursos Humanos), con un rol fundamental en la creación y desarrollo de una cultura de innovación.

■ ■ ■

Una estructura muy particular que encontramos en Colombia corresponde a la **Casa Editorial El Tiempo**, uno de los grupos periodísticos más importantes de ese país.

La mayoría de las estructuras de innovación se enfoca en la parte de la generación de ideas y el seguimiento de proyectos de innovación, asumiendo que las ideas serán implementadas por otras personas.

Pero en El Tiempo, debido al intenso ritmo de trabajo y que buena parte de los trabajadores debe estar concentrada en desarrollar un producto 'nuevo' todos los días (el periódico), se decidió crear una estructura que no solo se encargara de liderar la generación de ideas innovadoras, sino también de ejecutar los proyectos de innovación y entregarlos terminados a cada una de las áreas.

Por ejemplo, si un departamento quiere proponer una idea pero no tiene tiempo para ejecutarla, la estructura de innovación se encarga de plantear el proyecto, realizar la investigación y el desarrollo que sean necesarios, hasta entregar el proyecto "llave en mano", listo para operar al área específica. Lo brillante de esta estructura es que garantiza que los proyectos de innovación se hagan realidad, aún cuando nadie más en la organización tenga tiempo para desarrollarlos.

■ ■ ■

Veamos ahora la estructura de innovación de un grupo financiero con presencia en México y Centroamérica.

Debido al gran tamaño de la organización (+15,000 personas), era necesario no sólo diseñar una estructura de innovación a nivel de cada país, sino además contar con una estructura de innovación regional.

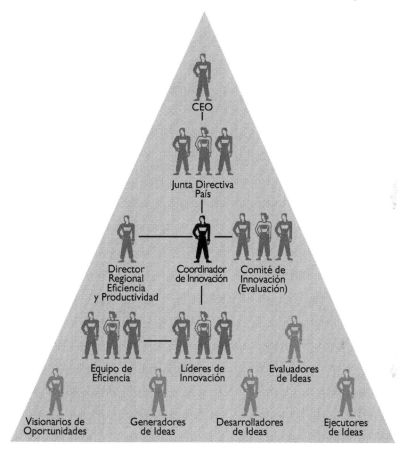

En lugar de crear una nueva estructura para la innovación, esta empresa decidió integrarla dentro de alguna estructura existente. Definió que el Director Regional de Eficiencia y Productividad asumiría la responsabilidad de liderar los esfuerzos de innovación, y se creó un Coordinador de Innovación para cada país, quien dedicaría un porcentaje de su tiempo al tema.

En esta estructura, tanto la Junta Directiva como el Gerente de cada país son responsables de la innovación ante el CEO, y tienen objetivos específicos en su Cuadro de Mando Integral o *Balanced Score Card*.

Finalmente, se aprovechó la estructura existente de un equipo de eficiencia en cada país, constituido por *"Black Belts"* y *"Green Belts"* de **Six Sigma**. Su labor era apoyar a los **Visionarios de Oportunidades** o **Generadores de Ideas** a desarrollar sus casos de negocios para enviarlos de forma exitosa a los Comités de Innovación regionales.

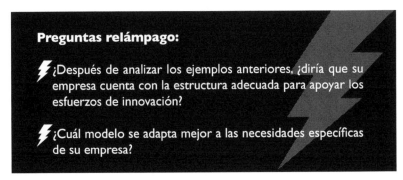

Preguntas relámpago:

⚡¿Después de analizar los ejemplos anteriores, ¿diría que su empresa cuenta con la estructura adecuada para apoyar los esfuerzos de innovación?

⚡¿Cuál modelo se adapta mejor a las necesidades específicas de su empresa?

GUÍA PRÁCTICA PARA DISEÑAR UNA ESTRUCTURA DE INNOVACIÓN

Luego de ver algunas de las estructuras de innovación que usted puede implementar, es posible que se sienta abrumado ante tanta diversidad y se pregunte cuál es la que mejor funciona para su empresa.

Para ayudarle a resolver esa inquietud, le facilitamos la siguiente guía práctica sobre cómo diseñar su estructura de innovación paso a paso.

1 Defina a qué persona o departamento va a reportar el área de innovación. Puede reportar idealmente a la Gerencia General u a otra área afín, por ejemplo, Planificación Estratégica.

2 Decida si su empresa está lista para tener a un Gerente de Innovación o si desea que la innovación sea liderada por una Gerencia que ya existe dentro de la empresa como una función adicional.

3 Cree un comité de innovación que apoye al Gerente de Innovación o responsable de innovación en la evaluación de ideas y en la priorización del portafolio de innovación, entre otras tareas. Este comité debe estar compuesto por personas de diferentes departamentos como finanzas, producción, ventas y mercadeo.

4 Decida si necesita crear equipos multidisciplinarios que dediquen un porcentaje de su tiempo a apoyar los procesos de innovación. Estos equipos pueden asignarse por foco de innovación, por área funcional de la empresa, o por zona geográfica.

5 Analice si el Gerente o área de innovación necesita recursos adicionales para realizar su labor apropiadamente, por ejemplo, un administrador de proyectos de innovación, un analista de proyectos de innovación, o un responsable de desarrollar las campañas masivas de ideas y de administrar el banco de ideas.

6 Considere nombrar líderes de innovación en los diferentes departamentos de la empresa, para que apoyen al área de innovación en la generación de ideas y en el seguimiento de los proyectos de innovación.

7 Establezca los vínculos necesarios entre el área de innovación y otras áreas importantes de la empresa como Investigación de Mercados, Investigación y Desarrollo o Recursos Humanos. Particularmente, es importante tener una buena coordinación con el área de recursos humanos para organizar las capacitaciones y desarrollar los planes para crear una cultura de innovación.

8 Defina si su estructura requiere algún apoyo externo de consultores en innovación, expertos en tendencias, empresas de investigación de mercados, universidades o agrupaciones profesionales, que le permitan desarrollar mejor sus planes de innovación.

9 Defina, para cada uno de los roles mencionados arriba, el porcentaje de dedicación de tiempo que se requiere para que los esfuerzos de innovación sean exitosos. Obtenga el compromiso de las respectivas gerencias de la empresa para que esa dedicación de tiempo se cumpla.

10 Diseñe un manual de puestos de innovación, con perfiles y responsabilidades, y capacite a todas las personas en su nuevo rol de la innovación.

En la siguiente sección abordaremos algunos de estos puntos en mayor detalle.

¿ES NECESARIO NOMBRAR A UN GERENTE DE INNOVACIÓN?

A pesar de que las empresas han logrado innovar durante las últimas cinco décadas sin contar con un gerente de innovación, lo cierto es que en el entorno actual se vuelve necesario contar con una persona que sea responsable de liderar el proceso de innovación. Esto asegura que los esfuerzos sean sostenibles en el largo plazo.

El nombre del puesto lo dejamos a criterio de la compañía. Puede ser Gerente de Innovación, Gestor de Innovación, Coordinador de Innovación o Líder de Innovación; el punto clave es que haya una estructura que coordine la innovación y se asegure de que exista tiempo para innovar.

El nivel de dedicación puede variar dependiendo de la estructura. Hemos visto que algunas empresas deciden asignar a un Gerente de Innovación a tiempo completo, lo que demuestra un gran compromiso con la innovación a largo plazo. Otras optan por nombrar a un Gerente de Innovación a 50% del tiempo, o deciden que un alto gerente de la empresa lidere los esfuerzos de innovación, como una función adicional a su trabajo, y le asignan un Coordinador de Innovación a tiempo completo para que lo apoye en las actividades más operativas.

En cualquier caso, lo más importante es contar con el apoyo indiscutible de la Gerencia General, pues solo de esta forma se logra contagiar a todos los niveles de la organización para que los proyectos se ejecuten.

EMPRESA QUE QUIERE SER COMPETITIVA BUSCA:

GESTOR (A) DE INNOVACIÓN

Requisitos OBLIGATORIOS:
- Con capacidad de pensamiento creativo, sistémico, lineal y no lineal.
- Hábil para analizar y aprovechar oportunidades.
- Capaz de emprender proyectos con poco apoyo y obtener lo necesario su éxito.
- Pasión por crear productos o servicios nuevos (se solicitará portafolio creativo).
- Excelente para comunicar, entusiasmar y dar seguimiento a proyectos.
- Capacidad para diseñar, organizar y entusiasmar a equipos de trabajo multidisciplinarios.
- Habilidad para negociar ganar/ganar, inspirar confianza y demostrar transparencia.

Requisitos DESEABLES:
- Formación multidisciplinaria (grado/posgrado/experiencia).
- Habilidad en el uso de tecnologías de información y comunicación.
- Experiencia en ventas, mercadeo y/o gestión de proyectos tecnológicos.
- Conocimiento sobre protección de la propiedad intelectual.
- Manejo completo de inglés (otros idiomas son deseables).

Ofrecemos:
- Posición gerencial que reporta directamente a la Dirección.
- Salario competitivo y beneficios relativos a las innovaciones generadas.
- Capacitación diversa y disponibilidad de tiempo para pensar y actuar creativamente.

Fuente: Luis Alonso Jiménez, Proinnova

En la página anterior le mostramos un ejemplo de un anuncio que publicó una empresa que buscaba un Gestor de Innovación. Más adelante profundizaremos en el perfil y las funciones del Gerente de Innovación, así como otros roles que también apoyan la innovación dentro de la empresa.

¿Qué hace un Gerente de Innovación?

Típicamente, un Gerente de Innovación desempeña las siguientes funciones:

- Define los lineamientos y políticas que deben cumplirse en lo referente a innovación en la empresa.

- Lidera el desarrollo de la estrategia y focos de innovación.

- Coordina la implementación del programa de innovación.

- Convoca y lidera el Comité de Evaluación de ideas.

- Implementa y lidera el plan para crear una cultura de innovación en colaboración con la Gerencia de Recursos Humanos.

- Diseña e implementa campañas masivas de ideas y talleres detonantes de creatividad para estimular ideas en conjunto con el Comité de Evaluación y los Líderes de Innovación.

- Da seguimiento a las capacitaciones en innovación en colaboración con la Gerencia de Recursos Humanos.

- Supervisa, analiza y comunica a la alta gerencia las métricas de innovación para buscar oportunidades que mejoren el desempeño innovador de la empresa.

- Invita a expertos a participar en el Comité de Evaluación cuando una campaña lo amerita.

- Remueve obstáculos que impiden la ejecución de un proyecto de innovación.

Las funciones del Gerente de Innovación pueden variar de una organización a otra, dependiendo de la estrategia de innovación que la empresa haya decidido seguir.

El dilema del Gerente de Innovación: Creatividad Versus Ejecución

En una empresa necesitábamos reclutar a un Gerente de Innovación y tuvimos un debate muy fuerte sobre cuál debería ser el perfil ideal del candidato. Por un lado queríamos que fuera una persona creativa, innovadora y capaz de inspirar al resto de la organización a innovar. Pero por otro lado, buscábamos a alguien ordenado, disciplinado y capaz de administrar y darle seguimiento a los proyectos de innovación.

Cuando inició el proceso de reclutamiento para este puesto, identificamos a personas que eran muy creativas, pero desordenadas, poco disciplinadas y con serias carencias en administración de proyectos. Por otro lado, encontramos gente muy ordenada y detallista, buena para controlar y darle seguimiento a los proyectos, pero poco creativa e inspiradora. Era como si estuviéramos buscando una persona que no existía. No lográbamos encontrar a alguien que pudiera reunir en un mismo cuerpo aquel conjunto de cualidades.

Luego de horas de discusión y muchas dudas, decidimos que nuestra prioridad era que el Gerente de Innovación se enfocara en la ejecución y el seguimiento de los proyectos, más que en la creatividad. Llegamos a la conclusión de que al final las ideas iban a venir de todas las áreas de la organización, pero de nada serviría si no había alguien que ayudara a darles seguimiento.

Obviamente, se requería que esta persona tuviera cierto nivel de liderazgo y pasión por la innovación, pero se le dio prioridad a su capacidad para administrar proyectos, y se pensó que los conocimientos en innovación sería algo que se le podría desarrollar.

La tarea de seleccionar a un Gerente de Innovación no es nada fácil. Muchas veces se espera que esta persona haga de gurú en todas las áreas de la empresa, ya que va a estar gestionando proyectos de innovación en un amplio rango de temas.

Sin embargo, esto no resulta ni factible ni recomendable. La persona debe conocer la organización, sin ser necesariamente un experto en todas las áreas.

"

Lo más importante es que el Gerente de Innovación sea respetado y pueda hacer que las cosas sucedan."

Como pudimos ver, en América Latina el Gerente de Innovación puede reportar al Gerente General (situación ideal), pero también a otras áreas como Mercadeo, Planificación Estratégica u otras. Todo dependerá de la estructura única de cada empresa. Y nunca faltarán las ocasiones en que el Gerente General de la empresa decida ponerse él mismo la camiseta del Gerente de Innovación.

Otro debate gira en torno a si el candidato debe venir de afuera o de adentro de la compañía. Por un lado, una persona de afuera viene con una visión fresca, pero una persona de adentro ya conoce los entretelones del negocio.

Lo más importante, en todo caso, es que ésta sea respetada y pueda manejar la política interna para hacer que las cosas sucedan. Por ejemplo, influenciar para que el Gerente de Mercadeo apoye con el desarrollo de un estudio para un nuevo producto, aún cuando este trabajo no está dentro de sus prioridades.

¿CUÁLES OTROS ROLES SON IMPORTANTES DENTRO DE LA ESTRUCTURA?

Tal como pudimos apreciar en los ejemplos de estructuras, existen varios roles que es recomendable definir en una empresa que aspira a sistematizar sus esfuerzos de innovación. Echemos un vistazo a algunos de ellos.

Comité de Innovación o de Evaluación de Ideas

El Comité de Innovación puede estar conformado por la Gerencia General, Gerencia Financiera, Gerencia de Innovación, Gerencia de Mercadeo, Gerencia de Producción, Gerencia de Ventas, Gerencia de Investigación y Desarrollo, un miembro de la Junta Directiva (rotativo), y expertos en caso de que aplique.

Responsabilidades

- Define la estrategia y los focos de innovación.

- Evalúa, selecciona y prioriza las ideas que se generan en el programa de innovación.

- Cuestiona el status quo de la organización y modela las conductas que van a apoyar el desarrollo de una cultura de innovación.

- Apoya el análisis financiero para evaluar la factibilidad de las ideas.

- Vela para que las ideas seleccionadas sean implementadas.

- Asigna los recursos necesarios para el desarrollo e implementación de las ideas.

- Selecciona los ejecutores idóneos para los proyectos de innovación.

- Gestiona el portafolio de proyectos de innovación de la empresa y evalúa las prioridades de cada proyecto regularmente.

- Apoya el plan para crear una cultura de innovación.

- Da seguimiento a las métricas de innovación.

Líderes de Innovación

Es casi imposible que una sola persona -el Gerente de Innovación- haga todo el trabajo y transforme la cultura de la empresa.

Por ello recomendamos la designación de líderes formales de innovación, que promuevan la innovación en sus áreas y garanticen que los proyectos se ejecuten. Son los representantes de la Gerencia de Innovación en su departamento.

Responsabilidades

- Lideran con el ejemplo para crear una cultura de innovación en su área.

- Estimulan la generación de ideas en su área de trabajo.

- Dominan el uso del sistema de gestión de ideas y son facilitadores del uso del mismo en su área.

- Proponen ideas e identifican ideas innovadoras y talento innovador en la organización.

- Colaboran en el seguimiento de la implementación de ideas que aplican en sus áreas.

- Buscan un espacio en las reuniones de su área para generar ideas.

- Participan en las sesiones de innovación diseñadas específicamente para ellos, así como en los cursos de innovación y creatividad que brinde la empresa.

- Se comunican frecuentemente con la Gerencia de Innovación.

Los líderes de innovación son esenciales para apoyar el proceso y crear una cultura de innovación. Sin embargo, seleccionar a los líderes correctos puede ser un reto más complicado de lo que parece.

Para ayudarle en el proceso, le proponemos esta tabla con algunas pistas clave de qué buscar en estas personas:

Cuentan con gran respeto y liderazgo dentro de su departamento.	Tienen una mentalidad abierta y no rechazan las ideas de otras personas.	Les gusta incentivar y premiar las ideas de los demás.
Son personas proactivas y con gran iniciativa.	Tienen una disposición a cuestionar la forma como se hacen las cosas.	Son personas abiertas al cambio y con capacidades de influir en la cultura organizacional.
Son personas con una alta capacidad de comunicación.	Son personas que apoyan la innovación.	Destacan por una alta capacidad de aprendizaje y motivación.

Recomendamos que los líderes de innovación dediquen entre un 5% y 10% de su tiempo a la innovación. En la práctica, esto equivale a alrededor de 4 horas por semana.

Una pregunta que siempre recibimos es: ¿Cuántos líderes de innovación debe tener mi empresa? Nuestra regla de dedo es que haya un líder de innovación por cada 20 colaboradores.

Otros roles importantes pueden ir apareciendo a medida que se construye el proceso de innovación. Por ejemplo: activadores, buscadores, creadores, desarrolladores, ejecutores y facilitadores. Estos roles los veremos con mayor detalle en el capítulo 6.

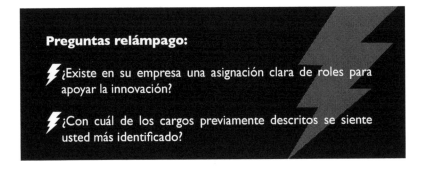

Preguntas relámpago:

⚡¿Existe en su empresa una asignación clara de roles para apoyar la innovación?

⚡¿Con cuál de los cargos previamente descritos se siente usted más identificado?

RESUMEN DEL CAPÍTULO

Estas son las principales recomendaciones que hemos facilitado a lo largo del capítulo con miras a diseñar una estructura de apoyo a la innovación:

- Sin una estructura que apoye la innovación en la empresa, el programa no será sostenible en el tiempo y se volverá una moda pasajera.

- No hay una regla universal sobre cómo estructurar la innovación; depende del tamaño, la industria, las necesidades, características y objetivos únicos de cada organización.

- Designe a una persona que coordine los esfuerzos de innovación (no tiene que ser a tiempo completo) y líderes específicos por cada área de la empresa. Los líderes deben poseer un perfil especial. Sin ellos, es muy difícil para una sola persona dirigir todos los esfuerzos de innovación.

- Defina las funciones de todas las personas que participan en la innovación y, al mismo tiempo, cree un comité para evaluar las ideas que se van a generar.

- El Gerente de Innovación no necesariamente es quien debe tener las ideas. Es la persona responsable de gestionarlas.

- Indique en el organigrama cuánto tiempo va a dedicar la gente a la innovación, entre 5% y100%. Se aconseja que los líderes dediquen un mínimo de 5%.

- Incluya a otros actores claves como Mercadeo, Investigación de Mercados y Recursos Humanos en el organigrama de innovación, por su relevancia a lo largo del proceso.

- Procure visionar cómo evolucionará la estructura en el tiempo, ya que esto será de gran ayuda para asegurar la sostenibilidad de los esfuerzos de innovación a mediano y largo plazo.

GUÍA PARA LA ACCIÓN

- Reúna mañana a un equipo de la alta gerencia y discuta cuál es la estructura que debe tener su empresa para apoyar su proceso de innovación.

- Dibuje con su equipo un organigrama y póngale nombre y dedicación de tiempo a cada uno de los roles que van a apoyar la innovación.

- Defina una fecha concreta en la que quedará comunicada e implementada la nueva estructura para apoyar la innovación.

- Capacite a cada persona en su nuevo rol de innovación.

6

TALENTO

La persona innovadora… ¿nace o se hace? ■

¿Cómo identificar y medir las competencias ■
de los innovadores?

¿Cómo se desarrolla y potencia la capacidad para ■
ser una persona más creativa?

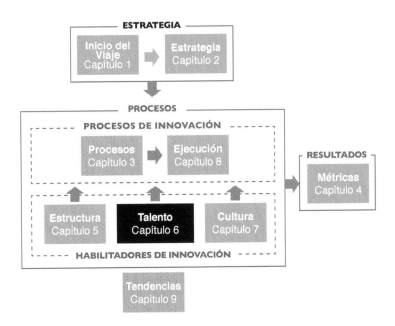

LA PERSONA INNOVADORA...
¿NACE O SE HACE?

Uno de los grandes mitos de la innovación es la creencia de que la persona innovadora es, por definición, una persona creativa.

A lo largo de este libro hemos insistido que la innovación es diferente de la creatividad y lo hemos expresado en la fórmula adjunta.

Una persona puede ser muy creativa y tener muchas ideas, pero eso no significa que está innovando. La innovación surge cuando esas ideas pasan al plano real.

Desde este punto de vista, la creatividad es un acto **individual**, ya que las ideas

INNOVACIÓN
=
Oportunidad
X
Creatividad
X
Ejecución
=
Nuevo Valor

se producen en el cerebro de las personas. La innovación, en contraste, tiende a ser un acto **grupal**, ya que generalmente se requiere de varias personas y roles dentro de una organización para hacer realidad las ideas.

A continuación le mostramos brevemente esos roles[13]. Mientras los lee, pregúntese cuál es el rol con el que más se identifica o con el que se sentiría más cómodo dentro de un equipo multidisciplinario de innovación.

Activadores: Son las personas que ven las oportunidades e inician el proceso de innovación. Detectan las tendencias del mercado, las necesidades de los clientes y señalan dónde debe innovar la empresa (i.e., los focos de la innovación).

Buscadores: Son los individuos especialistas en buscar información. Su tarea no es producir algo nuevo, sino suministrar información al grupo sobre las tendencias y necesidades de los clientes durante las diferentes etapas del proceso de innovación.

Creadores: Son las personas que tienen una mayor facilidad para producir ideas creativas. Su función es idear nuevos conceptos y posibilidades, así como buscar nuevas soluciones en cualquier momento del proceso de innovación.

Desarrolladores: Son las personas con la capacidad de convertir las ideas en productos y servicios; son quienes hacen tangibles las ideas, quienes dan forma a los conceptos y los transforman en soluciones. Las personas creadoras idean, mientras que las desarrolladoras inventan.

Ejecutores: Son quienes se ocupan de todo lo que tiene que ver con implementación y ejecución de las ideas. Su función es trasladar al mercado y a la organización la innovación sobre la que se está trabajando.

Facilitadores: Son quienes apoyan el proceso de innovación y remueven obstáculos para que las cosas sucedan. Aprueban los gastos e inversiones que se necesitan en el proceso de innovación. Pueden ser líderes formales o informales dentro de la organización.

---

13 Estos roles están basados en el libro "Ganando en la Innovación: El Modelo A-F" de Fernando Trías de Bes y Philip Kotler.

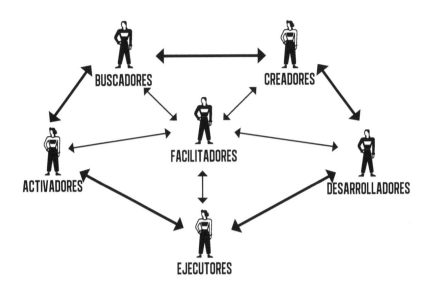

Estos seis roles rompen con el mito de que solamente las personas creativas y que proponen ideas pueden innovar. La innovación es un proceso complejo y de varias etapas, en donde muchas veces es más determinante la capacidad de vender o ejecutar una idea, que la capacidad de haberla producido.

Esto significa que todos podemos contribuir a la innovación, ya sea desarrollando, facilitando o ejecutando las idea de otras personas.

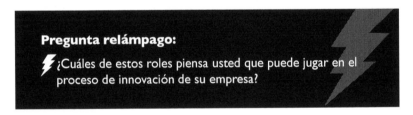

Pregunta relámpago:

¿Cuáles de estos roles piensa usted que puede jugar en el proceso de innovación de su empresa?

Considerando la información anterior, es importante que su empresa identifique los roles que sobresalen de forma natural en sus colaboradores, y usar dicho conocimiento a la hora de asignarlos a las diferentes etapas del proceso de innovación.

Asegúrese también de tener un balance adecuado de personas en cada rol. Observe la distribución de estos roles en una empresa de alimentos de consumo masivo, de acuerdo con un instrumento de medición que usamos para que las personas identificaran el rol en el que tienen más fortalezas:

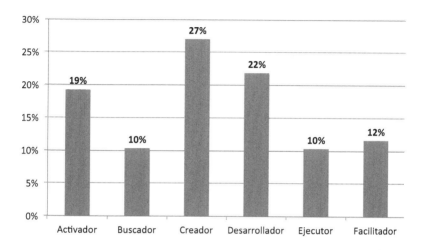

Usted puede notar que el porcentaje más alto de las personas tiene una preferencia por el rol de creadores (27%), lo cual significa que la empresa posee una masa importante de gente con la capacidad de generar un flujo constante de ideas creativas. Sin embargo, existe un porcentaje bajo de personas que se identifican con el rol de buscadores (10%) o ejecutores (10%), lo que podría provocar que la empresa no cuente con suficientes personas que apoyen en la investigación o implementación de los proyectos de innovación.

En estos casos, cada empresa debe desarrollar un plan para cerrar cualquier brecha existente, con el fin de obtener un balance entre todos estos roles necesarios para el proceso de innovación.

¿CÓMO IDENTIFICAR Y MEDIR LAS COMPETENCIAS DE LOS INNOVADORES?

" "

La diversidad de criterios enriquece el proceso creativo para encontrar solución a los problemas."

Uno de nuestros instrumentos favoritos para identificar y medir las competencias de los innovadores de una empresa es el modelo del **ADN de los Innovadores**[14]. Según este modelo, que se basa en un estudio de más de 100 individuos innovadores durante diez años, las competencias que diferencian a las personas más innovadoras se pueden dividir en competencias de creatividad y competencias de ejecución:

Competencias de Creatividad

*   Observar

*   Cuestionar

*   Experimentar

*   Cambiar de Perspectiva

*   Conectar

Competencias de Ejecución

*   Analizar

*   Planificar

*   Prestar atención al detalle

*   Tener auto-disciplina

---

14 Jeff Dyer, Hal Gregersen y Clayton M. Christensen, "The Innovator's DNA: Mastering the Five Skills of Disruptive Innovators".

Las competencias de creatividad miden la capacidad de las personas para identificar oportunidades y hacer nuevas conexiones mentales que crean valor. Veamos a qué se refiere cada una.

Observar: Es la cantidad de tiempo que invertimos en observar intensamente el mundo para encontrar oportunidades de innovación.

Cuestionar: Se vincula a la capacidad de formular preguntas de manera constante, particularmente aquellas que cuestionan la forma como hacemos las cosas y el status quo.

Experimentar: Consiste en explorar cosas nuevas y tener curiosidad por el mundo que nos rodea, para buscar oportunidades de innovación y aprender.

Cambiar de Perspectiva: Es la disposición a ver los retos que enfrentamos en el trabajo diario con una perspectiva nueva y diferente, que nos permita encontrar nuevas soluciones.

Conectar: Como su nombre lo indica, tiene que ver con la habilidad para asociar elementos diferentes a fin de generar ideas creativas.

Las competencias de ejecución, por su parte, miden la capacidad de las personas para ejecutar y hacer realidad las ideas. Son cuatro:

Analizar: Significa estudiar algo en sus partes para conocerlo y explicarlo antes de tomar decisiones. Ayuda a utilizar la lógica, el realismo y los hechos al momento de tomar decisiones para evitar los errores. Las personas con esta capacidad piensan cuidadosamente en las consecuencias de sus acciones.

Planificar: Es la capacidad para trazar un plan detallado de tareas para la ejecución de cuaquier actividad. Los planificadores tienen la facilidad de dividir las metas en las pequeñas acciones necesarias para alcanzarlas, y son personas muy ordenadas y organizadas.

Prestar Atención al Detalle: Se refiere a la habilidad de ser responsable y terminar el trabajo a tiempo y con calidad. Las personas que le prestan atención al detalle son buenas ejecutando las tareas, cumpliendo con los cronogramas y dando seguimiento a los compromisos.

Tener Auto-Disciplina: Es la habilidad de disciplinarse para iniciar y terminar las cosas a tiempo, sin procrastinar o poner excusas.

Todas estas competencias se pueden medir a través de un cuestionario de evaluación de 360 grados, en donde las personas son calificadas por sus jefes, sus compañeros del mismo nivel, sus subalternos y por sí mismas. También se puede enriquecer con la evidencia de innovaciones que la persona revele en su hoja de vida y experiencia.

El siguiente gráfico nos revela la medición de las competencias que realizamos para una empresa en Perú. Cada punto representa la medición de las competencias de la creatividad y ejecución para un ejecutivo.

La línea diagonal representa el punto medio entre ambos tipos de competencias. Como se puede ver, los ejecutivos de la empresa tienen, en promedio, una mayor fortaleza hacia la creatividad que la ejecución. Es decir, hay más puntos arriba de la línea que abajo de ella. En el caso de esta organización en particular, el sesgo causaba que la organización generara muchas ideas pero no las ejecutara.

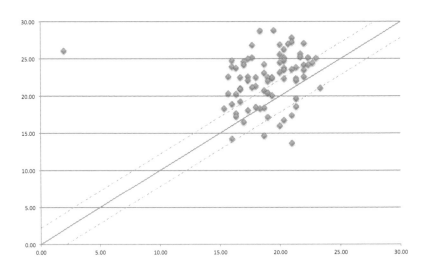

Algo que nos ha resultado muy útil para crear planes de capacitación y desarrollo para las competencias de los innovadores es combinar las mediciones de los roles de la innovación con las de las competencias de los innovadores. De esta forma es posible crear perfiles de niveles de competencias para cada uno de los roles de la innovación (activadores, buscadores, creadores, etc.) y desarrollar planes individuales de capacitación y desarrollo para cada persona con base en su rol.

A continuación le mostramos el perfil de las competencias de los innovadores para el promedio de una empresa y para las personas que tienen como preferencia el rol de **Buscador** en esa misma empresa.

La experiencia nos ha enseñado que las personas con el rol de **Buscadores** deben tener muy desarrollada la competencia de **Observar**; sin embargo, como se extrae de la gráfica, los **Buscadores** aparecen muy por debajo del promedio en esta competencia.

Perfil de competencias de la innovación del rol buscadores versus el promedio de la empresa

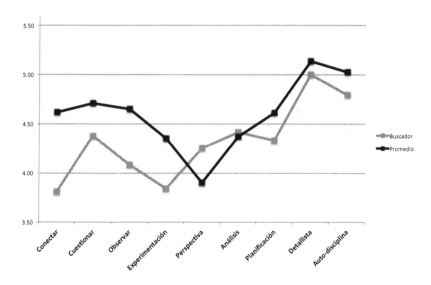

En Innovare recomendamos a todos nuestros clientes diseñar una base de datos con los roles preferidos y el nivel de las competencias de la innovación de los colaboradores de la empresa, de manera que tengan una herramienta que les permita identificar el mejor talento para asignar a sus proyectos de innovación. Un plan de desarrollo a la medida buscaría potenciar las competencias para que cada colaborador pueda tener un óptimo desempeño en su rol favorito.

Piense en esta analogía.

Un proyecto de innovación es como un partido de fútbol, y para ganar el partido usted necesita alinear a su mejor portero, defensas, mediocampistas y delanteros. Lo mismo sucede con un proyecto de innovación, donde usted querrá alinear a sus mejores activadores, buscadores, creadores, desarrolladores, ejecutores y facilitadores. Si usted no tiene claro quién es bueno en la defensa, puede que termine colocando a un delantero nato en esa posición, desperdiciando el talento y las preferencias de otros 'jugadores'.

¿CÓMO SE DESARROLLA Y POTENCIA LA CAPACIDAD PARA SER UNA PERSONA MÁS CREATIVA?

Aunque hemos insistido que una persona creativa no necesariamente es una persona innovadora, durante el proceso de escritura de este libro recibimos muchas inquietudes de ejecutivos sobre cómo cultivar la creatividad individual.

De hecho, una vez al final de un taller de innovación, nos llevamos una grata sorpresa cuando una joven que trabajaba en el Departamento de Mercadeo comentó:

> **"Yo no había enviado ideas al programa de innovación porque no sabía en qué pensar para generar una buena idea. Estaba esperando inspiración divina. Ahora sé que uno puede seguir un proceso para pensar de forma diferente."**

Año tras año, seguimos comprobando que la mayoría de la gente no tiene idea de cómo pensar creativamente. Quizá porque el sistema educativo tradicional no ayuda lo suficiente a desarrollar esta habilidad, o peor aún, la mata.

Este hallazgo lo vimos reforzado al hacer pública en Internet una de nuestras presentaciones, titulada Cómo Generar Ideas Creativas (www.slideshare.net/mariomorales/como-generar-ideas-creativas-presentation). En ella compartimos diez claves fundamentales de la creatividad, y a marzo de 2013, la presentación sobrepasaba las 100 mil vistas.

Queremos entonces aprovechar el resto del capítulo para ampliar las ideas de esa presentación y brindar consejos específicos de cómo ser individuos más creativos, tanto en el ámbito profesional como personal.

1) Tenga fe en su creatividad

En Innovare siempre hemos dicho que los latinos no innovamos más porque no nos la creemos.

> **"La gente piensa que si no inventa la cura del cáncer o algo tan revolucionario como el bombillo, significa que no es creativa."**

Cuando facilitamos talleres creativos, lo primero que preguntamos a los participantes es: ¿Cuántos de ustedes se consideran creativos? La respuesta nunca nos deja de sorprender: únicamente entre el 5% y el 15% de las personas levantan la mano. Este es un dato revelador si consideramos que todos los seres humanos somos creativos.

En otras palabras, los latinoamericanos padecemos de falta de autoestima creativa.

Una de las causas es que tendemos a asociar la creatividad con las artes o la industria de la publicidad, y no la vemos como una habilidad al alcance de cualquiera. La gente también piensa que si no inventa la cura del cáncer o algo tan revolucionario como el bombillo, significa que no es creativa.

La Cajita Feliz de McDonald's nació en Guatemala, aunque usted no lo crea

En 1978, la señora María Cofino de Fernández, una operadora de McDonald's en Guatemala, estaba buscando nuevas formas de impulsar las ventas de la compañía. Halló que un buen concepto podía ser mercadear sus productos a los niños, lo que germinó en la opción de festejar los cumpleaños infantiles en el restaurante, con un menú especial al que llamó Menú de Ronald.

La iniciativa resultó tan revolucionaria que la corporación McDonald's invitó a la Sra. Cofino a presentar, en una convención mundial, su idea sobre el Menú de Ronald y las cajitas con porciones más pequeñas para niños.

Posteriormente la idea fue traída a Dick Brams, de la corporación franquiciadora McDonald's, quien en 1979 tomó el concepto, lo desarrolló y lo mercadeó al resto del mundo al lanzar una campaña mundial con el concepto de la Cajita Feliz.

A comienzos de los 80's la Sra. Cofino también diseñó el menú de desayuno, que resultó en un éxito explosivo. Este caso demuestra la inmensa capacidad latinoamericana para formular ideas creativas y marcar la pauta mundial en la implementación de conceptos innovadores.

¿Quién dijo entonces que los latinos no estamos hechos para innovar?

Fuente: http://recursosparalideres.blogspot.com/2010/08/historia-gua-temalteca-de-exito-la.html

Si usted quiere ser creativo, tendrá que empezar por sacar su creatividad del armario y demostrar que posee ese potencial. Nosotros le ayudamos a dar el primer paso, únicamente tiene que seguir la siguiente fórmula:

$$\text{Creatividad} = \text{Conocimiento} + \text{Imaginación}$$

Conocimiento: Por el solo hecho de poseer un buen conocimiento en determinada área, ya tenemos media batalla ganada, pues no podemos crear algo en un campo que no conocemos. Y todos los que trabajamos tenemos conocimiento de algún proceso de la empresa o podemos tener contacto con los clientes y estamos al tanto de sus necesidades, sus quejas o sus frustraciones. Esta es justamente la **semilla de la creatividad.**

> **Recuerde**
>
> Uno no es creativo en general; es creativo en un campo específico. Hay personas que son creativas con un lienzo; otros, con los números; otros, con las notas musicales; otros, con las letras, o con un lenguaje de programación de computadoras. Es decir, uno es creativo en el lenguaje y los símbolos de un medio en particular.

Imaginación: Todos los seres humanos nacemos con una capacidad clave que nos diferencia del resto de seres vivos: la imaginación. Tenemos la capacidad de imaginar incluso lo que no existe, de imaginar un mundo diferente.

Una de las evidencias más importantes de que tenemos imaginación es que podemos soñar, tanto dormidos como despiertos. Imagínese ahora que un elefante color rosa va volando dócilmente por el cielo. Lo ha visto, ¿verdad? Usted acaba de experimentar el potencial de su cerebro en un segundo para imaginar algo que no existe.

> **Emergencia en el Canal de Panamá**
>
> En diciembre de 2010, las fuertes lluvias en Panamá hicieron que los lagos Gatún y Alhajuela, que alimentan las esclusas del Canal de Panamá, aumentaran y llegaran a sus niveles máximos de operación. Ante esta circunstancia, la Autoridad del Canal de Panamá (ACP) inició derrames preventivos en las compuertas de los vertederos de Madden y Alhajuela, cumpliendo así con las medidas preventivas de seguridad para preservar la vida humana y las instalaciones del Canal de Panamá.
>
> No obstante, el 7 de diciembre, la madre naturaleza descargó una de las mayores tormentas registradas en el país, lo que llevó el nivel de los lagos a niveles históricos. Las consecuencias fueron sin precedentes:

al medio día del 8 de diciembre fue suspendido temporalmente el tránsito por el Canal, como una medida preventiva. Tal como lo dijera el Administrador del Canal: "Teníamos un manual que nos decía qué hacer en caso que los niveles del agua subieran a diferentes alturas, pero por primera vez en la historia del Canal, el agua llegó a una altura que no estaba en el manual y no sabíamos qué hacer".

"A las cinco de la mañana nos trasladamos a Gatún para evaluar la situación y tomar una decisión. Sabíamos que podíamos usar las esclusas para verter más agua del lago, pero el procedimiento nunca se había utilizado y no era recomendado por la división de Ingeniería".

Para apoyar las acciones se decidió llamar a Rogelio Barrows, operador Senior de la caseta de control de Gatún. "Necesitábamos a alguien con mucha experiencia y conocimiento de la operación, pero que además tuviera una actitud positiva y que nos diera confianza ante las decisiones que se tomarían".

Barrows dijo: "En todos mis años de servicio, aquella era una situación única. Cuando me llamaron sentí un poco de temor, sabía qué se podía hacer, pero era la primera vez que lo haríamos y podía provocar un impacto negativo en la maquinaria de la esclusa. Había muchas incógnitas".

Rogelio Barrows sugirió un método novedoso para el vertido de las esclusas bajo condiciones extremas. El reto era cómo abrir unas válvulas para dejar salir el agua y cómo cerrarlas con una presión que amenazaba con destruir la misma válvula. Los conocimientos, experiencia y liderazgo de Barrows hicieron posible el vertido del exceso de agua en el lago Gatún. De esta manera se evitaron daños a la infraestructura de las esclusas y posibles daños a otras instalaciones y estructuras del Canal.

El aporte de Barrows fue definitivamente innovador, ya que demostró coraje, se apoyó en su equipo, rompió paradigmas y asumió la responsabilidad por su actuación. Por ese acto él recibió el primer premio INNOVA CANAL de parte del administrador Alemán Zubieta.

Ejemplos como este demuestran que todos podemos tener una solución creativa para problemas en donde no se conoce una solución, siempre y cuando confiemos en nuestra creatividad.

Fuente: Revista Interna INNOVACANAL

2) Saque tiempo para pensar

La creatividad necesita cierto tiempo de ocio para incubar y madurar las ideas. De hecho, cuando le preguntamos a la gente dónde se le ocurre sus mejores ideas, nos habla de lugares como el baño, el automóvil, el gimnasio o la cama, y casi nunca mencionan el trabajo.

Los científicos creen que **"el momento Eureka"**, ese punto cuando las nuevas ideas pasan del subconsciente al consciente, se alcanza más fácilmente cuando uno se encuentra relajado y sin estrés.

Sin embargo, la mayoría de las organizaciones no concede tiempo para salir del día a día y simplemente pensar. La gente no es más creativa porque termina absorbida por su propia rutina: la gran cantidad de e-mails que tenemos que contestar, todas las reuniones a las que debemos asistir, además de cumplir las demandas diarias para alcanzar las metas y el presupuesto de la empresa en donde trabajamos.

Definitivamente necesitamos espacios de **ocio creativo** para poder pensar y desarrollar ideas realmente creativas.

¿Tiene usted tiempos específicos durante su semana dedicados sólo para pensar o investigar?

Consejo práctico

Reserve una cita con su creatividad. Tome ahora mismo su agenda y separe una hora a la semana (para empezar) que va a dedicar exclusivamente a pensar en el futuro de su empresa, su departamento o su carrera.

Si no tiene tiempo, piense cuáles tareas que usted está haciendo podría delegar a otra persona, o cuál tarea que no está agregando valor podría dejar de hacer para poder tener tiempo para innovar.

3) Enfoque la creatividad

Generalmente, creemos que la creatividad es algo que sucede de forma espontánea y que, por lo tanto, debemos dejarla libre para que florezca. Frases como "pensemos con una hoja en blanco" y "el cielo es el límite" vienen a la mente.

No se engañe. Por mucho que parezca contra-intuitivo, la creatividad debe enfocarse en los objetivos estratégicos y los problemas más apremiantes que enfrenta la organización.

Por ejemplo, a los colaboradores hay que indicarles "queremos ideas **para reducir los costos en este proceso**" o "queremos ideas de nuevos servicios **para este segmento de mercado**". A esto nos referíamos en el capítulo 2, cuando hablábamos de ponerle límites a las campañas masivas de ideas. Ellos entenderán que no queremos cualquier tipo de idea u ocurrencia, sino ideas alineadas a la estrategia de la empresa y que generen una ventaja competitiva.

A nivel individual, enfoque su creatividad en los retos más importantes de su vida profesional y personal.

4) Mantenga un diario creativo

Si nos ponemos a estudiar la vida de las personas más creativas de la historia, encontraremos que sus ideas casi siempre se produjeron después de largos períodos de intenso trabajo, seguidos de momentos de descanso. Al final, las ideas creativas llegaron en los momentos menos esperados.

Por esta razón es muy importante que logremos capturarlas ideas apenas nos vienen a la mente, y así garantizar que no se nos olviden.

Las mentes más creativas de la historia, desde inventores como Nikola Tesla, Benjamín Franklin y Leonardo Da Vinci, hasta la novelista Virginia Wolf, el psicólogo Carl Jung y el naturalista Charles Darwin, todos tenían diarios y cuadernos donde anotaban sus ideas.

De hecho, se dice que Leonardo da Vinci llevaba consigo una libreta donde anotaba todas las ideas, impresiones u observaciones que se le ocurrían. Sus libretas, de las cuales se han recopilado más de 7,000 páginas, contienen observaciones, dibujos, chistes, reflexiones, inspiraciones e ideas de inventos.

Un análisis posterior de los cuadernos de Charles Darwin permitió comprobar que él tenía en sus anotaciones todas las piezas de conocimiento que lo llevaron a formular la teoría de la evolución de las especies. Simplemente fue cuestión de tiempo para que él las releyera y las sintetizara en una idea concreta que cambiaría la forma como vemos la historia del ser humano.

Más recientemente, se ha revelado que el multimillonario británico Richard Branson, fundador del conglomerado de empresas Virgin, quien fundó Virgin Records, Virgin Atlantic y Virgin Galactic, entre muchas otras, es una persona que lleva su diario creativo a todas las reuniones en las que participa.

Guía para capturar ideas

✓ Compre un cuaderno o libreta de apuntes.

✓ Lleve siempre la libreta con usted a todo lugar, trátela como si fuera su billetera o cartera.

✓ Use su libreta a la par de su escritorio en el trabajo, cerca de su mesa de noche y cerca de donde usted ve televisión, nunca se sabe cuándo llegará una buena idea.

✓ Anote en su libreta (y si puede, fotografíe) todas las cosas que llaman su atención, las cosas que usted observa, las cosas que le inspiran.

✓ Anote cualquier idea que se le ocurra, no se preocupe si la idea es buena o mala, no la juzgue.

✓ No se preocupe porque su libreta de notas sea perfecta u ordenada, permítase jugar y experimentar con ella.

✓ Complemente su libreta con recortes de periódicos y revistas que llamen su interés.

✓ Revise su libreta una vez por semana o al final de cada mes para escribir varias oraciones o párrafos que sinteticen sus ideas y experiencias.

Y por supuesto, si usted es un geek consumado, está en completa libertad de reemplazar la libreta por su smartphone o tableta favorita. Lo importante no es el dispositivo como tal, sino lo que anote en él.

5) No mate sus ideas

Después de probar incontables herramientas para desarrollar la creatividad, en Innovare hemos llegado a la conclusión de que ninguna sirve de nada si no silenciamos al "asesino de ideas" que llevamos dentro.

El mayor obstáculo para vivir una vida creativa es la voz de la crítica que llevamos dentro. Una buena manera de comenzar a ocuparse de ella consiste en reconocer que la tenemos. Tómese su tiempo para recordar una ocasión en que se le haya ocurrido una idea y haya vacilado o tenido miedo de verbalizarla o ponerla en práctica. Tal vez más tarde otra persona dijo lo mismo que usted había pensado, y usted se sintió mal por no haber dicho su idea primero.

Consejo práctico

Haga un esfuerzo por ser consciente y reconocer al asesino de ideas que lleva por dentro. Escuche al asesino cuando le susurra al oído y haga un esfuerzo por bajarle el volumen para darle oportunidad a sus ideas de surgir.

Hemos visto que muchas empresas están llenas de "asesinos de ideas"; algunas personas incluso son "asesinos seriales de ideas". Sin embargo, lo peor que nos puede suceder es ser un "suicida de ideas", aquel que mata sus propias ideas de la forma más cruel, cuando ni siquiera han tenido chance de ver la luz del día.

He aquí el "Top 10" de frases célebres para matar una idea que escuchamos con frecuencia en las organizaciones:

1. Sí, pero...

2. Ya lo intentamos antes.

3. Esto no va a funcionar porque...

4. Para qué vamos a cambiarlo, si siempre lo hemos hecho así.

5. Esto es ridículo. No tiene el menor sentido.

6. No tenemos tiempo para eso en este momento.

7. Eso es imposible.

8. ¿En qué planeta vives?

9. ¿Estás loco?¿Qué te fumaste?

10. No tenemos presupuesto para esa idea.

6) Busque su pasión

Estudio tras estudio, se ha comprobado que lo que motiva a los innovadores más exitosos no es el dinero, sino su pasión y el deseo de cambiar el mundo. Por lo tanto, si usted desea ser innovador, el mejor consejo que le podemos dar es que **busque su pasión** y escoja muy bien sus proyectos de innovación.

Innovar, pensar de forma diferente a los demás y romper paradigmas, por su naturaleza, son estados mentales que llevan tiempo y esfuerzo. Solamente las personas enamoradas de su idea y con un enorme deseo de cambiar el mundo, están dispuestas a luchar para hacerla realidad.

Nunca empiece ningún proyecto que no libere su pasión. A final de cuentas, la innovación es un asunto de tener la energía para producir un cambio, y esa energía viene de las cosas que a usted le apasionan.

Gastón Acurio, un peruano que cambió las leyes por los menús

Gastón Acurio es uno de los chefs más innovadores y exitosos de América Latina. Su padre deseaba que fuera abogado; sin embargo, la pasión de Gastón era la cocina y decidió abandonar su carrera de Derecho en la Universidad de Lima para ingresar al Cordon Bleu de París, a pesar de las críticas de toda su familia.

Luego de estudiar en París, Gastón abrió un restaurante francés en Perú, pero al cabo de pocos meses pensó: ¿Por qué estoy operando un restaurante francés cuando en realidad debería estar explotando todo el potencial de la gastronomía peruana que el mundo no conoce?

Acurio descubrió que había una oportunidad de globalizar la gastronómica peruana: "Teníamos que romper con el estigma de que los latinoamericanos estamos obligados a vender las cosas baratas". Es por esto que Gastón Acurio cobra más en su restaurante de Barcelona por un *pisco sour* que lo que cobran otros por un trago de whisky Johnny Walker etiqueta negra.

El éxito de Gastón Acurio llena de orgullo a los peruanos y es todo un referente de empresario gastronómico. Diversas capitales de países en América Latina y Europa (próximamente Estados Unidos) gozan con el placer que brindan los restaurantes de Gastón, verdaderas embajadas culinarias del Perú. Una muestra más de que grandes cosas pueden suceder cuando seguimos el llamado de nuestra pasión.

7) Desarrolle su curiosidad

Según **Albert Szent-Gyorgi**, un científico que ganó el premio Nobel de Medicina, el verdadero acto del descubrimiento consiste en ver las mismas cosas que el resto de las personas y aún así pensar en algo diferente.

Si usted desea ser más creativo, tendrá que ver lo que nadie más está viendo y pensar en lo que nadie más está pensando. Pero, ¿cómo se logra esto?

El primer consejo es lo que en la filosofía Zen se conoce como "mente de principiante". Los grandes maestros Zen, cuando creen que han alcanzado la iluminación y la máxima sabiduría, practican volver a pensar como si fueran principiantes, como si no supieran nada, como si estuvieran viendo el mundo por primera vez.

La mente del principiante es experimentar lo contrario a lo que sentimos cuando vivimos un *"Déjà vu"*. ¿Sabe usted que es un *"Déjà vu"*? La expresión viene del francés y significa, literalmente, "ya visto". Se usa para describir la sensación de vivir una experiencia nueva, pero que se percibe como algo que nos había pasado antes.

Para ser creativos debemos buscar el efecto contrario de un "Déjà vu": vivir una experiencia familiar y sentirla como si fuera nueva. Es lo que el profesor Bob Sutton de la Escuela de Negocios de Stanford ha bautizado con el nombre de "Vu jade", que es "Déjà vu" con las sílabas invertidas.

La mayoría de nosotros, cuando nos volvemos adultos, pensamos que lo sabemos todo y dejamos de maravillarnos por el mundo que nos rodea. Basta compartir unos minutos con un niño pequeño para darnos cuenta de todas las cosas que damos por sentado, y nos abre la mente a ver lo cotidiano con ojos diferentes: ¿Por qué el sol se pone naranja a la hora del atardecer? ¿Por qué las montañas se ven de color azul?

Se ha demostrado que los niños se hacen en promedio seis preguntas por minuto.

Cuando nos volvemos adultos, nos hacemos una pregunta nueva... cada seis días.

8) Cuestione los supuestos y creencias

Decía **Pablo Picasso** que "el acto creativo es fundamentalmente un acto de destrucción".

Esto significa que si queremos generar ideas creativas, necesitamos cuestionar los supuestos y creencias que todo el mundo ha dado por aceptados.

El problema aparece cuando esas mismas creencias representan reglas que nos han hecho exitosos en el pasado, y nos sentimos renuentes a cuestionarlas. Tendemos a olvidar que lo que nos ha hecho exitosos en el pasado no necesariamente funcionará del mismo modo en el futuro, considerando el dinamismo que impera en el entorno actual.

La importancia de cuestionar el presente para inventar el futuro

Steve Aronson, un corredor de bolsa de café originario de Michigan, fundó la compañía Café Britt en el año 1985. Su objetivo era comercializar el café tostado originario de Costa Rica, dentro del mismo mercado costarricense. En ese momento las regulaciones del país obligaban a que todo el café en grano y de calidad superior debía ser exportado a mercados extranjeros.

Steve Aronson se hizo la pregunta: ¿Por qué no le vendemos café de calidad a los costarricenses? La reacción de los expertos de la industria del café no fue la más optimista: "Ese hombre está loco. El café de calidad se exporta a Europa. Al mercado local solo le vendemos el café de segunda."

Britt ganó reconocimiento al establecerse como una empresa pionera en lograr cambios en reformas gubernamentales con el fin de permitir que los mejores cafés pudieran ser tostados y vendidos a nivel local, y así logró comercializar su producto en hoteles, restaurantes y supermercados costarricenses de alto nivel, así como a través de Internet.

Su vanguardista incursión en la web para vender café en línea le ha ganado numerosos premios de la industria, y es elogiada a nivel regional como una de las empresas más innovadoras de América Latina.

¿Moraleja? Cuestionarse constantemente las reglas de una industria puede abrir la posibilidad a grandes oportunidades para su empresa.

Por esa razón, a veces la innovación fluye más fácil para quien viene de otra empresa u otra industria, pues no tiene ninguna creencia preconcebida sobre la forma en que deben hacerse las cosas o sobre lo que es posible o imposible hacer en una determinada organización.

Si queremos ser más creativos, debemos cuestionar los principales dogmas o creencias que la mayoría de las empresas siguen profundamente.

¿Podría usted cuestionar todo lo que hace su empresa?

Por ejemplo:

- ¿En qué negocio estamos?
- ¿Quiénes son nuestros clientes?
- ¿Cuáles son los productos o servicios que ofrecemos?
- ¿Cómo producimos nuestros productos?
- ¿Qué canales de distribución utilizamos para entregar nuestros productos?
- ¿Cómo mercadeamos y vendemos nuestros productos?
- ¿Cómo cobramos por nuestros productos?

Cada una de estas preguntas puede abrir la puerta a una oportunidad que quizá no está viendo en este momento.

Consejo práctico

Aplique la siguiente guía para poner a prueba el status quo:

1. Haga una lista de todas las reglas, supuestos o creencias que usted tenga sobre su problema u oportunidad.

2. Haga un esfuerzo por enumerar las cosas más obvias y que nadie se tomaría el tiempo de cuestionar.

3. Luego hágase las siguientes preguntas: ¿Por qué tiene que ser así? ¿Qué pasaría si lo hiciéramos diferente?

Una de las dinámicas que más nos gusta aplicar en nuestros talleres es la lluvia de preguntas. En lugar de hacer una lluvia de ideas (*brainstorming*) sobre el reto de negocios, le pedimos a los participantes que hagan una lluvia de preguntas (*question storming*).

En la mayoría de los casos, la lluvia de preguntas nos lleva a ideas más creativas y prometedoras que la tradicional lluvia de ideas.

9) Busque la diversidad de pensamiento y los estímulos nuevos y diferentes

Una vez nos llamó el Gerente General de una importante multinacional para decirnos que no sabía por qué a su equipo de trabajo no se le ocurrían ideas DI-FE-REN-TES. Le pedimos que nos dejara observar una sesión de lluvia de ideas de su gente para indagar las causas del problema. Al llegar a la sala, lo primero que notamos fue la similitud que había entre los seis hombres que conformaban el equipo.

La primera pregunta que formulamos: ¿Cuál es su profesión? Y las respuestas: ingeniero, ingeniero, ingeniero, ingeniero, ingeniero, y, ¿adivinan cuál otra? Sorpresa: ingeniero. Bastó una simple observación para llegar al diagnóstico que le presentamos al Gerente General: "Si quieren tener nuevas ideas, van a tener que traer gente DI-FE-REN-TE a ustedes".

Una prueba para reconocer si usted está teniendo ideas realmente creativas es hacerse la siguiente pregunta: ¿Cuántas de estas ideas se le podrían ocurrir también a nuestros competidores?

Si su respuesta es que la mayoría, entonces sus ideas no son muy originales. Ante este panorama, ¿cómo podemos pensar en ideas más creativas o *fuera de la caja*?

La respuesta está en la forma como funciona nuestro cerebro. La caja son los hábitos, la cultura, las rutinas y los conocimientos que conforman nuestra vida y mediante los cuales vemos el mundo.

Piense en las actividades que hizo ayer. Ahora piense en las actividades que hizo hoy. Le sorprenderá notar que no hay mucha diferencia. Nuestra vida es una rutina. Es por esto que ocupamos darle a nuestro cerebro una dieta variada de nuevos estímulos que le permitan producir nuevos vínculos y conexiones que lleven a ideas diferentes.

Si desea aumentar sus posibilidades de obtener una idea revolucionaria, usted va a tener que **romper la caja**. Conocer y hablar con gente diferente, viajar a otras geografías, probar nuevos productos, y lo más importante, tener una mente abierta a estímulos diferentes.

Cuanto más diferente sea el estímulo que usted busque, menores serán las posibilidades de que a sus competidores se les ocurra la misma idea.

Guía para encontrar estímulos nuevos y diferentes

- Lea un periódico, revista o libro que comúnmente nunca leería.

- Escuche una emisora de radio diferente a las que usted siempre escucha o vea un programa de televisión que normalmente no vería.

- Tome una ruta diferente a su trabajo o utilice un medio de transporte que tradicionalmente no usa; se sorprenderá de las cosas nuevas que verá.

- Conozca lugares nuevos y diferentes a los que usted tradicionalmente visita.

- Organice "tours" entre distintas áreas de la empresa, para explorar cuáles conexiones se pueden hacer entre lo que aparentemente son departamentos u operaciones distintas.

- Planee almorzar con personas de otras partes del negocio con las que normalmente no se relacionaría. Hable con ellas sobre un asunto en el que estén trabajando y pídales su punto de vista.

- Hable con gente de otras empresas, otras profesiones, otros países, otro status social, otra cultura, otro sexo, otra religión u otra edad a la suya y experimente cuáles ideas le provoca estimularse con otros puntos de vista.

- Tal como le aconsejamos a mediados del capítulo, tome nota de las ideas que empiezan a llegar a su mente.

10) Persevere. La creatividad es trabajo duro

La perseverancia es una capacidad fundamental para cualquiera que quiera crear e innovar. Por ejemplo, **Chester Carlson**, inventor del copiado electrostático o xerografía (el proceso de Xerox), trabajó por más de treinta años tratando de encontrar una solución que funcionara. **Arthur Fry**, ingeniero de 3M que inventó las notas *"post-it"*, tuvo que invertir diez años para convencer a la empresa de que lanzara el producto al mercado.

Una década de investigación que transformó la industria ganadera

En el ganado, la mastitis es una enfermedad que afecta a las vacas y consiste en la infección de sus glándulas intramamarias. Este mal provoca una serie de inconvenientes para los que se dedican a la actividad lechera, ya que no solo disminuye la producción de leche, sino que implica un amplio gasto en medicamentos para tratar a los animales afectados.

Sin embargo, una novedosa vacuna elaborada por el médico veterinario costarricense **Luis Víquez** y por los investigadores **Fernando García** y **Magaly Caballero**, previene el desarrollo de este padecimiento. El producto se llama Bio-Masti Bac y empezó a ser comercializado en el país en agosto de 2010, luego de obtener el registro sanitario para su venta, el cual otorga el Servicio Nacional de Salud Animal (Senasa).

Víquez narró cómo fueron necesarios más de diez años de estudios y pruebas para crear un producto efectivo.

"Bio-Masti Bac es un compuesto de bacterias muertas estimulan el aparato inmunológico para que los animales tengan una mejor respuesta en el momento que enfrentan un problema infeccioso", explicó. Según el investigador, esta innovación ha alcanzado éxito entre los productores de leche y se emplea en alrededor de 65 fincas del país. Se espera que el producto pueda ser exportado muy pronto a diferentes países de la región centroamericana. Así mismo, el medicamento es amigable con el medio ambiente.

Desde luego, esperamos que a usted no le tome tanto tiempo como a estas personas desarrollar su próxima gran idea, sin embargo, es importante que tome en cuenta que la innovación toma tiempo, requiere trabajo duro y muchísima perseverancia. Recuerde que la diferencia entre el éxito y el fracaso es quién se da por vencido primero.

A largo plazo, lo que su empresa necesita es mejorar la creatividad colectiva de todos los colaboradores, es decir, crear es una cultura de innovación que forme parte del ADN de la organización. Para ayudarle con este propósito hemos escrito el capítulo 7, que viene a continuación.

RESUMEN DEL CAPÍTULO

Una persona puede ser muy creativa y tener muchas ideas, pero eso no significa que está innovando. Para ser verdaderamente innovadores debemos hacer realidad nuestras ideas.

En este sentido, todas las personas de una empresa, idependientemente de su nivel de creatividad, pueden aportar en las diferentes etapas del proceso de innovación, en alguno de los siguientes roles:

*   Activador
*   Buscador
*   Creador
*   Desarrollador
*   Ejecutor
*   Facilitador

Para identificar a las personas más innovadores en una organización, recomendamos utilizar el modelo del ADN de los Innovadores, que contempla las siguientes competencias:

Competencias de Creatividad

*   Observar
*   Cuestionar
*   Experimentar
*   Cambiar de Perspectiva
*   Conectar

Competencias de Ejecución

*   Analizar
*   Planificar
*   Prestar Atención al Detalle
*   Tener Auto-Disciplina

Los latinoamericanos sobresalimos en las competencias de Observar, Cuestionar y Conectar, pero necesitamos fortalecer las áreas de Experimentación y Cambio de Perspectiva.

Con el fin de potenciar la capacidad creativa en las personas, hemos identificado diez claves fundamentales:

1. Tener fe en la propia creatividad
2. Sacar tiempo para pensar
3. Enfocar la creatividad
4. Mantener un diario creativo
5. No matar las ideas
6. Buscar lo que nos apasiona
7. Desarrollar la curiosidad
8. Cuestionar los supuestos y creencias
9. Buscar la diversidad de pensamiento
10. Perseverar

GUÍA PARA LA ACCIÓN

- Identifique en su equipo de trabajo cuáles son los roles en los que cada persona tiene mayores fortalezas (activador, buscador, creador, desarrollador, ejecutor y facilitador), y utilice ese conocimiento para asignar responsabilidades en el próximo proyecto de innovación.

- Evalúe cómo puntúa cada miembro de su equipo en las competencias de la innovación e identifique brechas en donde desean mejorar.

- Diseñe un plan de capacitación para desarrollar las competencias de la innovación de cada miembro de su equipo. Preferiblemente, desarrolle las competencias aplicándolas a un reto estratégico de negocios que tenga su departamento o empresa en este momento.

- Ponga en práctica en su vida diaria las 10 claves fundamentales que compartimos en este capítulo para ser una persona más creativa.

7

CULTURA

¿Por qué es importante fomentar una ■
cultura de innovación?

¿Cuáles son los elementos que componen una ■
cultura innovadora?

¿Cómo crear una cultura de innovación? ■

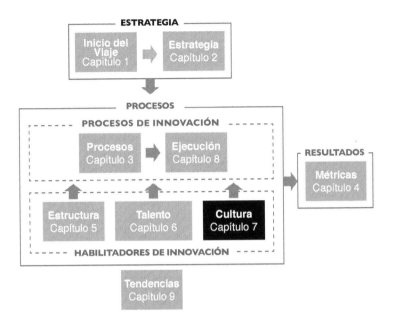

¿POR QUÉ ES IMPORTANTE FOMENTAR
UNA CULTURA DE INNOVACIÓN?

En el capítulo 3 mencionamos que el proceso y la cultura son como el yin y el yang de la innovación. El proceso es la parte "dura" de la innovación, mientras que la cultura es la parte "suave".

La cultura se refleja en la **actitud** y el **estado mental** de las personas hacia la innovación, así como en las conductas, los valores y las historias que se viven en la organización. Es "**la forma como hacemos las cosas aquí**".

En Innovare hemos podido comprobar que una empresa puede tener un proceso muy robusto de innovación, pero si su gente no vibra ni vive la pasión por innovar, las probabilidades de éxito juegan en su contra.

Por eso no es de extrañar que cuando los empresarios nos llaman para pedir apoyo en sus esfuerzos de innovación, una de las primeras cosas que nos dicen es: "Queremos hacer que la innovación se vuelva parte del ADN de la empresa", es decir, parte de la cultura y de la forma de pensar de la organización.

"
***La cultura de innovación se manifiesta
en los valores y las historias que se
viven en la empresa."***

Como podemos apreciar en el siguiente gráfico, las organizaciones en América Latina empiezan innovando "al chispazo" o a través de héroes individuales, después maduran un poco y realizan algunos eventos aislados de innovación, que generalmente se manifiestan en talleres de creatividad.

Luego, algunas compañías logran institucionalizar ciertos procesos, hasta alcanzar un estado final donde la cultura de innovación ha impregnado todos los niveles de la organización.

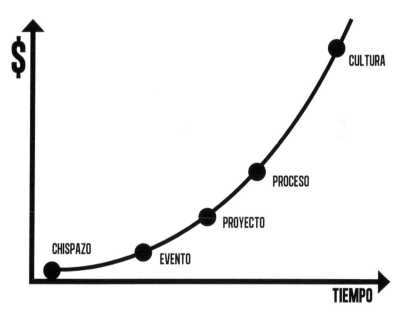

Una vez alcanzado ese estado, la empresa tendrá la capacidad de reaccionar rápidamente ante las oportunidades, de adaptarse a los cambios en el entorno y de reinventarse de forma permanente.

Por lo anterior, crear una cultura de innovación es uno de los aspectos más **importantes y críticos del viaje de la innovación** de cualquier empresa.

Sin embargo, cambiar la cultura de una empresa no es una tarea fácil, ni sucede de la noche a la mañana. Hay comportamientos, historias, reglas no escritas que atentan contra la innovación. Hay resistencia al cambio.

La creación de una cultura de innovación es un proceso de largo plazo, que depende del tamaño de la organización y de cuán incrustadas están las viejas formas de hacer las cosas.

Cuando trabajamos con empresas que han iniciado un proceso de innovación, es raro topar con un plan explícito de cómo se va a crear y fomentar una cultura de innovación. Pareciera ser un tema tan suave y esotérico que a menudo las empresas creen que sucederá de forma espontánea. O lo ven de manera tan superficial, que piensan que bastará con instalar un par de futbolines en el comedor de los empleados para crear una cultura innovadora.

Adicionalmente, en América Latina seguimos arrastrando comportamientos que datan de la conquista española, y que dificultan la creación de culturas innovadoras en las empresas:

- **Vivimos atrapados en el pasado:** Siempre lo hemos hecho así, ¿para qué vamos a cambiar?

- **Respetamos demasiado las jerarquías:** El jefe es el que lo sabe todo. Las ideas vienen de arriba. Primero es la estructura, luego el procedimiento y la auditoría.

- **Nos falta autoestima creativa:** Todo lo que viene de afuera es mejor. Lo nuestro no vale. Innovan los países ricos, nostros no. Pensamos en pequeño, no en grande.

- **Somos cortoplacistas:** Nunca tenemos tiempo para innovar, el día a día nos absorbe. Si no se recupera la inversión en un año, el proyecto no sirve.

- **Tenemos miedo al éxito:** Debemos sentir envidia e impedir el éxito de los demás. ¿Colaborar con otros? Jamás.

A lo largo de este capítulo, compartiremos nuestros hallazgos luego de entrevistar a más de 300 ejecutivos, sobre cuáles son las principales barreras e inhibidores a la innovación en las empresas latinoamericanas, y cómo se diseña un plan sencillo y práctico para crear una cultura que permita que la innovación florezca en una organización.

¿CUÁLES SON LOS ELEMENTOS QUE COMPONEN UNA CULTURA INNOVADORA?

Si usted desea crear una cultura de innovación, lo primero que debe tener claro es cuáles son los factores que la producen. Así, le será más fácil identificar las oportunidades para transformarla y diseñar un plan de mejora, dependiendo del caso.

Después de estudiar muchos modelos de culturas, hemos llegado a una síntesis de siete elementos fundamentales que componen una cultura de innovación:

1. **Visión y Liderazgo para la Innovación:** Uno de los elementos más importantes de cualquier cultura de innovación es el liderazgo que exista para apoyar la innovación. Sin esto nada es posible.

2. **Cuestionar el Status Quo:** La innovación es un estado mental, y si una empresa quiere innovar, indiscutiblemente va a requerir que la gente abra su mente a las nuevas ideas, que cuestione la forma en que se hacen las cosas y que comparta una pasión por innovar.

3. **Entorno y Recursos para Innovar:** La excusa más frecuente para no innovar es "no tenemos tiempo, el día a día nos absorbe". Una cultura que apoye la innovación debe crear el clima, el tiempo y los espacios para innovar.

4. **Talento y Motivación:** Las empresas no innovan, son las personas. La empresa debe esforzarse en atraer, retener, desarrollar, motivar y reconocer el talento innovador.

5. **Experimentar y Correr Riesgos:** Por definición, la innovación implica probar nuevas formas de hacer las cosas y, en ocasiones, fracasar. Un ambiente que permita la experimentación y que no castigue el fracaso son factores indispensables para que suceda la innovación.

6. **Diversidad de Pensamiento:** La fuente principal de las nuevas ideas es la diversidad de las personas que participan en el proceso creativo. Hay que asegurar la existencia de diferentes formas de pensamiento y puntos de vista a los retos que enfrenta la organización.

7. **Colaboración:** Lo han comprobado todos los estudios realizados sobre el tema: la innovación es un esfuerzo transversal a toda la empresa, que necesita de la colaboración de todos los departamentos, unidades y divisiones. Sin colaboración no hay innovación.

El siguiente diagrama resume los siete elementos que usted puede influenciar para construir una cultura innovadora, en donde los tres primeros marcan la cancha de juego y los siguientes cuatro elementos permiten jugar el juego de la innovación.

Los 7 Elementos para Construir una Cultura de Innovación

Café Britt, un ejemplo de cultura de innovación

Una de las empresas que más nos ha impactado por su cultura de innovación es Café Britt, mencionada en el capítulo 6 como ejemplo en América Latina.

Britt sobresale por su apertura al cambio, en donde no existe burocracia y se empodera a las personas a tomar decisiones en todos los niveles para satisfacer al cliente.

El sello de esta cultura lo ha plasmado el mismo fundador de la empresa, Steve Aronson, al inculcar un ambiente de empresarialismo y el deseo de hacer las cosas de forma diferente como parte del ADN de la compañía. Lo que uno siente cuando entra en comunicación con la gente de Café Britt es un hambre feroz por las oportunidades, unas ganas por "comerse" al mundo.

A diferencia de otras organizaciones, que son lentas y burocráticas, en Britt observamos una empresa que se mueve a la velocidad de la luz. Cuando el aeropuerto de México D.F. abrió a licitación la apertura de nuevas tiendas, Café Britt se enteró a falta de dos días para que se cerrara el proceso, y era prácticamente imposible que pudiera participar.

Sin embargo, la gente de la empresa se reunió y dijo: "Vamos a tener que hacerlo en tiempo Britt". Por iniciativa propia, trabajaron dos días a ritmo frenético y lograron participar. Britt ganó la licitación.

Esta cultura se ha convertido en un activo estratégico para la organización. A las personas se les da libertad y se les empodera para innovar todo el tiempo.

La mayoría de las empresas con las que hemos trabajado en América Latina no cuentan con una cultura que apoye la innovación. Están más orientadas a la **eficiencia**, a la explotación de los productos actuales, al procedimiento y la auditoría, y prestan poca o nula importancia a la innovación, a la exploración de nuevos territorios, a la creación y la experimentación.

Para identificar cuánto apoya u obstaculiza la cultura actual de la empresa los esfuerzos de innovación, recomendamos utilizar **los siete bloques de construcción** de nuestro modelo para diagnosticar la cultura y diseñar un plan de acción a la medida que permita transformarla.

Por ejemplo, hace poco diagnosticamos la cultura de innovación para una empresa multinacional de alta tecnología. Como se aprecia en el siguiente gráfico, la empresa obtuvo una calificación menor a siete, en una escala de diez, en la mayoría de los bloques. Dos de las áreas más débiles en la cultura de innovación fueron el **Entorno y los Recursos para Innovar** (no hay espacios ni tiempos que permitan a la gente salirse de la rutina para pensar diferente) y la **Colaboración** (los diferentes departamentos no trabajan en equipo para desarrollar proyectos de innovación).

Cabe destacar que la empresa tiene equipos extraordinarios de ingenieros con la creatividad y el potencial para desarrollar innovaciones que beneficien a la empresa; no obstante, el clima y la cultura de innovación no se los permite.

Diagnóstico de una cultura de innovación

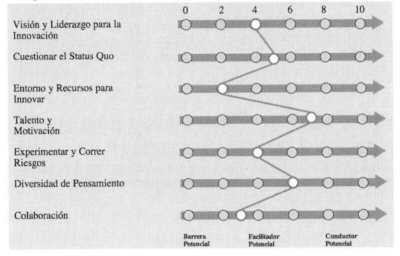

Otro cliente al que diagnosticamos su cultura de innovación es líder en la entrega de paquetería y mensajería puerta a puerta en un país suramericano. El siguiente gráfico revela cómo la empresa obtuvo una calificación menor a seis en la mayoría de los bloques. Los dos obstáculos dominantes eran la falta de **Visión y Liderazgo para la Innovación** por parte de los Gerentes de la empresa, y la falta de **Colaboración** que existía en los departamentos. Este último elemento, la Colaboración, tiende a aparecer entre los más débiles en la mayoría de organizaciones que analizamos.

Diagnóstico de una cultura de innovación

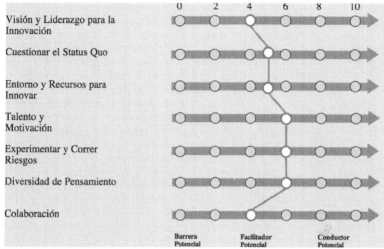

¿Cómo sé si tengo una cultura de innovación?

Una vez, el operador del montacargas de una empresa asistía a una fiesta el fin de semana y ayudaba a montar los instrumentos musicales del grupo que iba a amenizar. De repente, se dio cuenta de que el conector de la guitarra eléctrica era igual al que se usaba en los montacargas de la empresa, el cual se debía cambiar cada dos meses. Este cable tenía un valor de US$2,000 y se tenía que traer de Alemania.

El empleado fue el lunes por la mañana a una tienda local de instrumentos de música y se dio cuenta que el conector del cable de la guitarra eléctrica sólo costaba US$60 localmente. Inmediatamente, implementó una nueva solución que le ahorró dinero a la compañía.

Este es un ejemplo de cómo, en una empresa que tiene una cultura de innovación, los colaboradores están pensando continuamente cómo pueden innovar en su trabajo diario, incluso durante una fiesta el fin de semana. ¿Podría suceder algo así en su organización?

A continuación explicaremos con mayor detalle cada uno de los bloques de construcción de una cultura innovadora, cuáles son los comportamientos deseados en cada bloque, y qué es lo que típicamente encontramos en las empresas de América Latina.

Esto no habría sido posible sin la colaboración de más de 300 ejecutivos que, de forma anónima, nos compartieron lo que realmente sucede en las entrañas de la cultura de sus empresas con respecto a la innovación.

Al finalizar, daremos un ejemplo práctico sobre cómo diseñar un plan para crear una cultura de innovación en su propia organización.

Visión y Liderazgo para la Innovación

"A como es el rey, así es la corte"

La piedra angular de cualquier cultura de innovación es el liderazgo existente para apoyar la innovación. Pero, ¿qué es exactamente lo que hace grande a un líder innovador? Veamos:

- Los líderes establecen y comunican una visión inspiradora y retadora para innovar.

- Los líderes demuestran un alto compromiso con la innovación y predican con el ejemplo.

- Los líderes modelan las conductas que estimulan una cultura innovadora.

Contrastemos esto con lo que nos dicen algunos ejecutivos de América Latina sobre lo que sucede en sus empresas...

Uno mencionó la falta de involucramiento de los líderes de la empresa en los nuevos programas:

> *"En esta empresa siempre falta compromiso y liderazgo de los gerentes con los programas que lanzamos. Los líderes no están apoyando el programa de innovación".*

Como sucede con cualquier cambio que se quiera realizar en una empresa, aquello que no cuente con el compromiso de la alta gerencia, no va a funcionar. Si la alta gerencia no cree en la innovación, esa actitud va a permear a toda la organización.

Para contrarrestar este efecto, se recomienda incorporar la innovación como uno de los criterios utilizados para la evaluación y la compensación de los ejecutivos. Cuando esto sucede, de inmediato los líderes comienzan a involucrarse más en el programa.

Uno de los peligros que afecta a una organización cuando inicia su viaje para innovar, sobre todo cuando ha implementado otros programas en el pasado, es convencer a la organización de que este programa es realmente importante, y que hay una visión clara para conseguir el éxito. De lo contrario, observe lo que pueden pensar los colaboradores.

"No sé cuáles son los límites para innovar y hasta dónde puedo llegar. Me frustro porque genero ideas que no puedo implementar, ya que la inversión se hace muy grande y me dicen que no hay presupuesto. Entonces,¿para qué me piden que les dé ideas? He intentado vender mi idea dos veces, no sé si intentarlo una tercera, o mejor me quedo callado".

Esta necesidad de dirección, que incluye definir qué tipos de innovaciones se desean y qué tamaño de proyectos se busca financiar, es fundamental para evitar desmoralizar a los colaboradores cuando empiezan a generar ideas. Forma parte de la definición de una estrategia de innovación que explicamos en el capítulo 2.

Otro aspecto esencial es dotar a la gente de la capacitación y las herramientas que requieren. De lo contrario se pueden generar reacciones como esta:

"Me dicen que es importante innovar y que lo van a tomar en cuenta en mi evaluación del desempeño, pero no me dan capacitación ni herramientas. No sé qué proceso seguir para realizar una innovación, y sería injusto que me midan sobre un criterio que no conozco. No todos estamos en igualdad de condiciones sobre el proceso".

Al final, la clave de este elemento es lograr que los líderes de la organización inspiren a sus colaboradores a innovar, para que no suceda algo así:

"Acá hay líderes que sacan el látigo para pedirle a uno que innove. Quieren que algo se haga en menos tiempo, pero no conocen los procesos ni se involucran ellos mismos. Nos dicen: ¿A quién tengo que escalar esto para que se haga en menos tiempo?, sabiendo que uno es el responsable. Al final, en vez de motivarte, te desmotivan".

Preguntas relámpago:

⚡¿Existe en su empresa un compromiso de la alta gerencia con la innovación?

⚡¿Se encargan los líderes de predicar con el ejemplo?

Cuestionar el Status Quo

"Siempre lo hemos hecho así, ¿para qué vamos a cambiar?"

Considerando que la innovación es cambio, otro elemento fundamental para que exista un ambiente que propicie la innovación es que la empresa permita cuestionar la forma en que se hacen las cosas. Dentro de las mejores prácticas que recomendamos para crear este bloque de la cultura de innovación figuran:

• La empresa y sus líderes estimulan que se cuestione el status quo para evitar caer en una zona de confort o complacencia.

• La empresa vive un estado mental de optimismo, posibilidades y de *sí se puede*.

• La cultura neutraliza los anticuerpos de la innovación.

Algo que nos llama la atención sobre la mayoría de empresas de América Latina es que parecen diseñadas para matar las nuevas ideas. Apenas alguien propone una idea diferente, la mayoría de los ejecutivos responde de forma automática: "No se puede, ya lo intentamos antes y no funcionó, no tenemos presupuesto o no hay nadie con tiempo para ejecutar esa idea."

Si luego de esa ráfaga de "balas" la idea todavía continúa viva, el tiro mortal suele ser: "Si la idea fuera tan buena, ya alguien la habría implementado antes".

Es imperativo eliminar esa mentalidad si queremos implementar un programa de innovación exitoso.

Lamentablemente, retar el status quo de una empresa es una de las tareas más difíciles en el viaje de la innovación, sobre todosi la empresa ha sido exitosa. Escuche este comentario de un gerente sobre la zona de confort en la que se encuentra su empresa:

> *"Tenemos una posición descaradamente dominante. Estamos en una zona de confort en el mercado. No tenemos una competencia feroz. Nos damos el lujo de estar tranquilos. Abarcamos 40% del mercado de la publicidad. Este periódico representa más que los otros medios de comunicación juntos. Somos una empresa muy acomodada con nuestra posición en el mercado, conservadora y burocrática, por lo que no estoy seguro de que logremos cambiarla con el programa de innovación".*

Otro ejecutivo en una industria distinta nos mencionó:

> *"En esta empresa tenemos una cultura que no apoya la innovación. Hay resistencia al cambio, temor al fracaso, falta de convicción, demora en la*

toma de decisiones, esfuerzos paralelos. Las ideas siempre se quedan en papel, tenemos exceso de reuniones, ponemos excusas todo el tiempo y nos falta disciplina. Nos hemos convertido en una gran burocracia".

Lo sorprendente es que estos comentarios son la norma en la mayoría de organizaciones con las que trabajamos. Acá va uno más de un ejecutivo de banco:

"El éxito que tuvimos en el pasado nos ha hecho perezosos. Hoy nuestra competencia es más agresiva que nosotros. Ellos nos ganaron con banca móvil, ofrecen mejores condiciones y productos más diferenciados. Mientras ellos piden perdón, nosotros pedimos permiso. Confiamos demasiado en la lealtad del cliente, creemos que somos únicos y que el cliente debe adaptarse a nosotros, cuando debería ser al revés. Nuestros mismos empleados tienen tarjetas de crédito de la competencia porque dan mejores beneficios. Hay muy buenas ideas, pero poca receptividad y la gente se desmotiva".

Estas son las culturas con las que muchos ejecutivos deben lidiar cuando están tratando de iniciar un programa de innovación.

¿Alguna semejanza con su organización?

Otro aspecto que nos ha llamado la atención es la dificultad para adaptarse al cambio y aprovechar las oportunidades que algunas empresas tienen frente a sus ojos:

"Hace 15 años propuse que nuestros cajeros automáticos recibieran billetes… La idea se aniquiló. La competencia ya lo está ofreciendo".

"Esta es una empresa multinacional y estamos sujetos a que la casa matriz en Suiza nos apruebe las cosas para hacerlas. Al final nunca hacemos nada".

"Es mentira que somos centrados en el cliente. Los clientes nos dijeron que odiaban el teclado virtual de nuestra sucursal electrónica y nos tomó una eternidad hacer algo al respecto".

"La mayoría de la gente no tiene el entrenamiento ni el 'mindset' para innovar. No es tan fácil pensar fuera de la caja. Es un proceso. Nosotros somos los bomberos, una organización de apagar incendios."

"El sistema de calidad es una camisa de fuerza para la innovación."

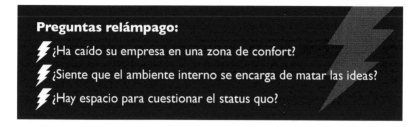

Preguntas relámpago:

⚡ ¿Ha caído su empresa en una zona de confort?

⚡ ¿Siente que el ambiente interno se encarga de matar las ideas?

⚡ ¿Hay espacio para cuestionar el status quo?

Entorno y Recursos para Innovar

"Sin cacao no se puede hacer chocolate"

Como hemos dicho antes, la excusa más frecuente para no innovar es "No tenemos tiempo, el día a día nos absorbe". Una cultura que apoye la innovación debe cumplir los siguientes principios:

- La organización permite que las personas le dediquen tiempo y energía a la innovación.

- La empresa organiza eventos que estimulan la creatividad y la curiosidad de la gente.

- Las organización cuenta con espacios creativos que estimulan a la gente a pensar diferente.

Contrastemos esto con lo que nos dicen algunos ejecutivos de América Latina sobre lo que sucede en sus empresas:

> *"Acá hay mucho talento y gente con capacidad para innovar, pero si no se dan los espacios y las herramientas, no vamos a llegar a ninguna parte. Digamos que tengo un día de 7 de la mañana a 7 de la noche apagando incendios, y ya sé bien cómo apagarlos. De repente me piden que invente una forma nueva de hacerlo, y para eso tendría que salir dos horas más tarde. No señor, lo más fácil es hacer las cosas como siempre, para poder irme a las 7".*

> *"Al trabajar en un periódico, el día a día te come: todo urge".*

"Quieren que innove, pero yo le digo a mi jefe que no soy un pulpo, no puedo hacer ocho cosas a la vez".

El comentario del pulpo inspiró la siguiente caricatura que utilizamos en nuestros talleres, y es una muestra contundente del problema que enfrentan las organizaciones cuando quieren innovar: las reuniones constantes, los correos y los mensajes de textos nos consumen de tal forma que no queda tiempo para nada más.

Es verdaderamente frustrante ver cómo los proyectos de innovación que iniciaron con bombos y platillos, poco a poco van muriendo conforme las presiones del día a día terminan atrapando a las personas. Aquellos proyectos que buscaban inventar el futuro de la empresa van perdiendo el impulso, lentamente aniquilados por las tareas más apremiantes de la organización. Como veremos en el capítulo 8, tener ideas es relativamente fácil, pero ejecutarlas y hacerlas realidad conlleva un reto mucho mayor.

Preguntas relámpago:

⚡ ¿Existe tiempo y espacio en su empresa para innovar?

⚡ ¿Siente a menudo que la avalancha de correos y reuniones consume su potencial creativo?

Talento y Motivación

"Las empresas no innovan, innovan las personas"

Hemos dicho que para que germine una cultura de innovación se debe atraer, retener, desarrolla, motivar y reconocer el talento innovador. Algunas prácticas que pueden ayudar en la construcción de este bloque son:

- La organización atrae y retiene talento creativo e innovador.

- La organización incentiva y reconoce la innovación.

- La empresa asigna a las personas en los proyectos de innovación que más le apasionan.

Si nos pidieran elegir un solo comentario que resuma la forma típica en algunas empresas de América Latina motivan a los colaboradores a innovar y perseguir su pasión, sería el siguiente:

> *"Yo vi la oportunidad para que nuestra empresa aprovechara las tendencias de cuidar el medio ambiente y promoví que implementáramos las normas ISO-14000 en nuestra compañía. Fuimos pioneros en el mercado. Y la forma como la empresa me reconoció y premió por esto fue sacándome del proyecto y dándoselo a otra persona que no tenía la misma motivación y pasión por el tema. Ya estoy preparando mi hoja de vida para buscar trabajo en otra organización que sí valore mi talento".*

Además, la mayoría de las organizaciones con las que trabajamos no toman en cuenta la innovación y la creatividad como un criterio a la hora de reclutar y seleccionar a su nuevo personal. Considerando que la gente innovadora es la materia prima de un proceso de innovación, puede ser que su empresa no esté atrayendo a la gente que necesita para innovar:

> *"Cuando contratamos en nuestra empresa, atraemos gente que sea igual a nosotros: gente que no le gusta el cambio, que le encanta estar en una zona de confort, que da el mínimo esfuerzo. No le podemos pedir peras al olmo. ¿Cómo vamos a innovar con esta gente?"*

Una cultura innovadora debe despertar en los colaboradores una pasión genuina por el cliente y por los productos de la empresa. Solo así se podrá liberar la energía necesaria para romper con el status quo y perseverar en hacer realidad las ideas.

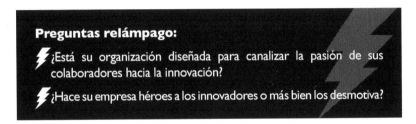

Preguntas relámpago:

⚡ ¿Está su organización diseñada para canalizar la pasión de sus colaboradores hacia la innovación?

⚡ ¿Hace su empresa héroes a los innovadores o más bien los desmotiva?

Experimentar y Correr Riesgos

"Si no estás fracasando de vez en cuando, significa que no estás haciendo nada muy innovador" (Woody Allen)

La innovación implica hacer las cosas de forma diferente y esto siempre trae asociado un riesgo. Una cultura que apoye la innovación debe seguir las siguientes prácticas:

- Las personas no sienten miedo a expresar sus ideas ni a que sus jefes se las roben.

- La cultura de la empresa permite y fomenta que la gente experimente con cosas nuevas.

- La organización no castiga el error y más bien celebra los fracasos cuando hay aprendizaje.

El primer paso, por lo tanto, es lograr que la gente pierda el miedo a dar sus ideas. Este mal hábito viene desde la niñez, cuando nos daba miedo decir algo diferente en clase por temor a la burla y a la crítica de nuestros compañeros, o de la misma maestra.

En algunas organizaciones, sorprende descubrir que la gente tiene miedo a dar sus ideas porque en otras ocasiones las han dado y sus jefes las roban para "salir en la foto", y terminan llevándose todos los honores.

Una empresa que desea innovar también debe tener un clima que permita experimentar y hacer las cosas de forma diferente, es decir, correr riesgos.

Contrastemos esto con lo que nos dicen algunos ejecutivos latinos:

> *"Somos una empresa tímida y temerosa a nivel comercial. Perdemos muchos negocios por miedo".*

> *"Cuando estás innovando y corriste el riesgo y salió bien, están de tu lado de la acera, pero cuando las cosas salen mal, o un cliente está molesto, se pasan del otro lado y te critican por hacer las cosas de forma diferente. Al ÉXITO le aparecen muchos padres, pero los FRACASOS son todos huérfanos".*

> *"Perdemos demasiado tiempo en cubrirnos las espaldas, porque ya se sabe que mañana habrá toda un manada de depredadores buscando desacreditar lo que estás haciendo. Por eso invertimos mucho tiempo en documentar y cubrir todas las bases, para que cuando venga ESE correo... poder decir que yo no fui el que tomé la decisión".*

"Es muy difícil tomar un riesgo. Los muchachos jóvenes empiezan a aprender a no tomar riesgos, porque son peligrosos. No hay una cultura de reconocer a la gente que toma riesgos y fracasa".

"Aunque se dice que en esta organización se perdona el error, realmente no es tan cierto. Cuando uno falla, todo el mundo hace mala cara. Nada te dice que se pueda fallar si se trata de algo manejable".

Lo que hemos descubierto es que una vez que un ejecutivo pasa de cierta edad, se casa, tiene una familia y adquiere obligaciones como pagar una hipoteca, los colegios de sus hijos y las tarjetas de crédito, su propensión a correr riesgos disminuye de manera significativa. Si asumimos que muchos gerentes comparten estas circunstancias, es casi inevitable que la empresa, como un todo, pierda su espíritu emprendedor y castigue severamente el fracaso.

Este es uno de los elementos en que más se debe trabajar y, al mismo tiempo, uno de los más difíciles de cambiar.

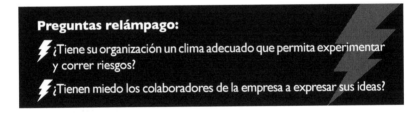

Preguntas relámpago:

⚡ ¿Tiene su organización un clima adecuado que permita experimentar y correr riesgos?

⚡ ¿Tienen miedo los colaboradores de la empresa a expresar sus ideas?

Diversidad de Pensamiento

"En la multitud de consejeros está la sabiduría"

A través de la historia de la humanidad se ha demostrado que las mejores ideas surgen cuando se crean conexiones entre diferentes experiencias, conocimientos y perspectivas para solucionar un problema.

Por lo tanto, es ampliamente conocido que el proceso creativo se potencia cuando incorporamos una amplia diversidad de personas. Dentro de las mejores prácticas para crear este bloque de la cultura de innovación podemos encontrar:

• La organización promueve la diversidad de pensamiento y los equipos multidisciplinarios.

- La organización promueve la conexión de personas de diferentes niveles y departamentos para generar nuevas ideas.

- La organización promueve las conexiones y alianzas con personas y empresas de afuera para traer perspectivas frescas.

Tras más de una década ayudando a las empresas a innovar y probando todas las herramientas de creatividad posibles, hemos concluido que la mejor forma de generar ideas creativas es convocar a un equipo multidisciplinario de personas de diferentes departamentos, y ponerlo a trabajar en un reto de la empresa.

De acuerdo con nuestra experiencia, las ideas innovadoras nacen de unir y constrastar perspectivas y puntos de vista diferentes de personas con una mente abierta.

Confrontemos esto con la realidad de las empresas en América Latina:

"Aquí tenemos muchos expertos y son cerrados como un bombillo, encasillamos las cosas y matamos las ideas".

"Es muy difícil aprender lo que hacen otras áreas. Yo no puedo participar en las reuniones de otros departamentos. Este es un proyecto de Mercadeo y nadie más se mete. No existe el concepto de crear equipos para resolver problemas. Una vez, en una reunión de gerencia, hice un comentario sobre algo que se podía mejorar en Mercadeo, y luego de la reunión me mandaron un correo para advertirme que dejara de meter las narices en el campo de ellos".

"En esta empresa tenemos poca renovación de mentes. No se despide a nadie. Los gerentes tienen más de diez años de trabajar en la empresa y lo hacen todo a ojos cerrados. Ellos saben que el cheque llega al final de la quincena y caen en una zona de confort".

"La misma experiencia de los ejecutivos les da un carácter poco innovador. La mayoría sólo ha trabajado aquí, no tiene mundo".

Pregunta relámpago:

⚡Observe atentamente la próxima reunión de lluvia de ideas en su empresa. ¿Cuántos de los asistentes comparten la misma profesión, departamento y hasta fueron contratados en el mismo periodo?

Colaboración

"Ninguno de nosotros es tan inteligente como todos juntos"

Lo han comprobado todos los estudios realizados sobre el tema. La innovación es un esfuerzo transversal a toda la empresa, que necesita de la colaboración de todos los departamentos, unidades y divisiones. Sin colaboración no hay innovación. Preste mucha atención al siguiente conjunto de buenas prácticas:

· La cultura de la empresa estimula la colaboración entre diferentes departamentos para innovar. No existen silos.

· La cultura de la empresa fomenta un ambiente de confianza y respeto mutuo que permite la colaboración entre diferentes niveles y departamentos.

· La organización fomenta y permite comunidades de interés y de pasión.

En contraste, esto es lo que escuchamos en nuestras consultorías:

"Cuando uno tiene una idea, hay que andar convenciendo a las otras áreas para que ayuden. No desean colaborar porque la idea no fue de ellos".

"Necesito realizar una investigación de mercados para este proyecto de innovación, pero la Gerente de Investigación no me quiere apoyar porque no está en su Balanced Scorecard. Como mi proyecto no beneficia su bono de fin de año, no le apetece ayudar".

"Yo siento que tenemos un divorcio entre planta y mercadeo. No colaboramos, como si hubiera una competencia entre ambos departamentos. Lo que no nace de planta, nace muerto. Falta más colaboración en general entre todos los departamentos".

"Cuando uno tiene una idea hay que tener mucho cuidado de que nadie se le vaya arriba y se la robe. Hay que planear muy bien en qué momento se propone".

"Si existiera un proceso para innovar, donde se pudiera saber quién está trabajando en una idea, y yo pueda apoyarle, sería más fácil para el autor, y yo sería un apoyo para él en la organización."

No hay organización que hayamos visitado, por más exitosa que sea, que esté satisfecha con la forma como sus departamentos colaboran para sacar adelante los proyectos de innovación.

Pareciera que en América Latina, cada departamento es un feudo dentro de la empresa, y cada feudo protege su territorio. Cuando un departamento va y pide datos a otro para un proyecto de innovación, este último no los facilita porque hay un temor de que serán usados en su contra.

El automóvil averiado que produjo la mejor idea del año

Hace un par de años trabajamos con el Instituto de Biodiversidad de Costa Rica (INBIO), para ayudarlo a sistematizar sus esfuerzos de innovación. Durante el diagnóstico de su capacidad de innovación, les formulamos una pregunta: ¿Cuál ha sido la idea más innovadora que han tenido durante los últimos años? Su respuesta: Cibercolmenas.

¿Y cómo se les ocurrió esta idea? Mucho ojo a la respuesta:

"Una vez se le averió el automóvil a uno de nuestros biólogos y tuvo que enviarlo a reparar por una semana. El biólogo le pidió como favor a un informático que vivía cerca de su casa, y con el cual nunca interactuaba, que lo llevara y lo trajera al trabajo por una semana. Después de una semana de viajar juntos, estas dos personas de dos departamentos que nunca interactuaban, generaron la mejor idea que hemos tenido en años: las Cibercolmenas."

Las Cibercolmenas son Comunidades Virtuales de Aprendizaje sobre biodiversidad. Se trata de una metodología educativa que nace con el objetivo de incentivar el uso de la ciencia y la tecnología tanto en el aula, como en áreas silvestres protegidas y el ciberespacio, generando vivencias de aprendizaje que estimulan a estudiantes de primaria y secundaria a descubrir y construir conocimiento y valores respecto a la biodiversidad de su localidad, aprovechando las herramientas y experiencias existentes de las redes sociales.

Lo que más nos llama la atención es que esta idea nunca hubiera salido a la luz sin el encadenamiento de eventos que llevó al encuentro fortuito de dos colaboradores que, a pesar de trabajar en la misma organización, no tenían mayor contacto. La anécdota nos revela el poder de juntar a personas de diferentes áreas de su empresa en un mismo lugar y ponerlas a conversar.

¿Cómo crear una cultura de innovación?

Cuando se diseña un plan para promover una cultura de innovación, el primer paso es, lógicamente, diagnosticar la cultura actual de la empresa y así determinar cuáles factores apoyan u obstaculizan la innovación.

Para ello usamos cada uno de los bloques de construcción y las mejores prácticas que compartimos en este capítulo.

> " *El primer paso para crear una cultura de innovación es determinar cuáles factores la están obstaculizando.* "

Luego, se trabaja con un equipo multidisciplinario que genere ideas para cerrar las brechas en la cultura de innovación que queremos crear. Después se evalúan las ideas y se seleccionan las que pensamos que van a producir mejores resultados a la empresa.

Finalmente, se recomienda hacer un plan piloto en un departamento, para aprender y hacer ajustes, antes de desplegarlo a todas las áreas de la empresa. Esta metodología se puede apreciar en el siguiente gráfico:

Recomendamos emplear el siguiente formato para diseñar el plan que transformará su cultura de innovación:

ELEMENTO	ACCIONES CONCRETAS	RESPONSABLE	FECHA
Visión y Liderazgo para la Innovación			
Cuestionar el Status Quo			
Entorno y Recursos para Innovar			
Talento y Motivación			
Experimentar y Correr Riesgos			
Diversidad de Pensamiento			
Colaboración			

El formato anterior le permite definir las acciones concretas que se implementarán para mejorar cada elemento de la cultura de innovación, así como el responsable y la fecha para cada una de las acciones.

Cerramos el capítulo con ejemplos de algunas actividades del plan de cultura de innovación que diseñamos para una organización en Colombia. Le advertimos que este es un ejemplo de cómo lo hizo una empresa para sus necesidades y brechas específicas. Usted debe diseñar un plan diferente que responda a las circunstancias únicas de su negocio.

Recuerde que, como cualquier otro plan o idea, lo más importante es llevarlo a la práctica. El capítulo 8, que viene a continuación, le dará una guía de cómo lograrlo.

Plan de la compañía XYZ de Colombia para crear una cultura de innovación

VISIÓN Y LIDERAZGO PARA LA INNOVACIÓN	FECHA
Divulgar una campaña de lanzamiento del programa de innovación. Mensaje: Hemos sido una empresa innovadora (mostrar ejemplos), pero no podemos seguir viviendo del pasado, necesitamos innovar más.	Marzo 2012
Lanzar una campaña masiva permanente para solicitar nuevas ideas que cumplan estrictamente con el concepto de innovación y que vengan con un caso de negocios bien estructurado.	Permanente
Hacer que los líderes de la innovación prediquen con el ejemplo y hablen 5 minutos al principio de todas las reuniones que realicen con sus equipos.	Permanente

ENTORNO Y RECURSOS PARA INNOVAR	FECHA
Definir el presupuesto para gestionar la innovación en el 2013 (espacio físico, gente, capacitaciones).	Noviembre 2013
Participar en eventos de primer nivel en innovación o eventos de vanguardia relacionados con el negocio, como *Front End of Innovation* y otros.	Permanente

EXPERIMENTAR Y CORRER RIESGOS	FECHA
Reconocer las innovaciones o experimentos fallidos que dejaron alguna enseñanza para crear una cultura de innovación. Presentarlos en el día de la innovación.	15 Mayo 2012
Implementar la práctica de documentación de lecciones aprendidas para todos los proyectos de la compañía, en especial los proyectos de innovación. No importa que un proyecto de innovación fracase, siempre y cuando se presenten las lecciones aprendidas.	Marzo-2012

CUESTIONAR EL STATUS QUO	FECHA
Crear el equipo de eliminación (un equipo que se reúne todos los meses para ver cuál política, producto, proceso se debe eliminar) = "Matadero de Dinosaurios"	Permanente
Lograr que los líderes de la empresa modelen la conducta de cuestionar y que se registren las reglas, políticas o procesos que se han cuestionado a lo largo del año.	Permanente

TALENTO Y MOTIVACIÓN	FECHA
Incluir la medición de los aportes a la innovación en la evaluación de desempeño individual y por procesos.	A partir Enero 2012
Estructurar, desarrollar e implementar un programa formal de capacitación en innovación a todos los colaboradores de la compañía.	Marzo 2012-Permanente
Crear un programa de formación y entrenamiento transversal de cultura de servicio y pasión por el cliente.	A partir Enero 2012

DIVERSIDAD DE PENSAMIENTO	FECHA
Potenciar las 'gerencias circulantes' entre diferentes departamentos con miras a fortalecer la innovación por el conocimiento de otros procesos.	Enero 2012

COLABORACIÓN	FECHA
Establecer mecanismos que permitan capturar, canalizar y evaluar proyectos de innovación, involucrando a clientes externos, clientes internos, proveedores y demás *stakeholders.*	Marzo 2012
Implementar una plataforma que permita aprovechar la inteligencia colectiva y conectar ideas y personas para apoyar los procesos de innovación mediante redes sociales internas.	Permanente

RESUMEN DEL CAPÍTULO

Una empresa puede tener un proceso de innovación muy robusto, pero no llegará lejos si su gente no pierde el temor al cambio, a tomar los riesgos y a la experimentación. Es decir, se necesita una cultura de innovación que permee todo el proceso.

Sin embargo, transformar la cultura de una organización poco innovadora hacia otra que se anime a pensar diferente y cuestionar el status quo, es una tarea que exige un gran compromiso y varios años de esfuerzo constante.

La alta gerencia debe cumplir el rol de líder inspirador y facilitador, creando espacios y asignando tiempos adecuados para pensar diferente.

En resumen, son siete los factores que usted puede influenciar para fomentar una cultura de innovación:

1. **Visión y Liderazgo para la Innovación**

2. **Cuestionar el Status Quo**

3. **Entorno y Recursos para Innovar**

4. **Talento y Motivación**

5. **Experimentar y Correr Riesgos**

6. **Diversidad de Pensamiento**

7. **Colaboración**

Para crear un plan que promueva una cultura de innovación, se recomienda seguir el siguiente proceso de cuatro pasos:

1. Diagnosticar la cultura actual, con el fin de determinar cuáles factores apoyan u obstaculizan la innovación.

2. Determinar cómo se pueden cerrar las brechas entre la cultura actual y la cultura deseada.

3. Desarrollar un plan piloto en un departamento, para aprender y hacer ajustes.

4. Implementar el plan en todas las áreas de la organización.

GUÍA PARA LA ACCIÓN

- Revise las mejores prácticas de una cultura de innovación mencionadas en el capítulo y diagnostique cuáles son las oportunidades que tiene su empresa para mejorar su cultura.

- Reúna al equipo que conforma la alta gerencia de la empresa y haga una lluvia de ideas de cómo pueden cerrar sus brechas. Priorice las ideas que tendrán el mayor impacto en la cultura de innovación.

- Haga a los gerentes firmar un documento en donde se comprometan a implementar las acciones acordadas para modelar la cultura de innovación que todo el equipo desea.

- Déle seguimiento al plan, evalúe su progreso y haga un plan para llevar su cultura al siguiente nivel el próximo año.

8

IMPLEMENTACIÓN

¿Cómo ejecutar exitosamente los ■
proyectos de innovación?

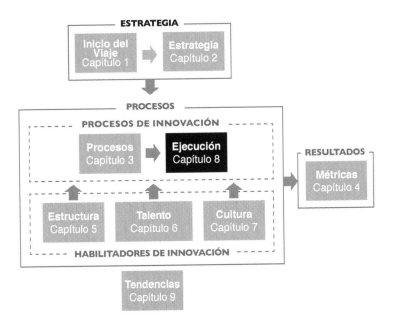

¿CÓMO EJECUTAR EXITOSAMENTE
LOS PROYECTOS DE INNOVACIÓN?

 **D** espués de trabajar con muchos Gerentes de Innovación en América Latina, hemos encontrado que uno de los mayores retos que enfrentan es cómo ejecutar exitosamente y reducir el "tiempo al mercado" de los proyectos de innovación.

A pesar de que sus empresas producen muchas ideas, rara vez logran que los proyectos de innovación se ejecuten o salgan a tiempo, lo que dificulta que la empresa alcance una ventaja competitiva en el mercado.

En las próximas páginas abordaremos este reto, discutiremos sus causas y le daremos una guía con acciones concretas que usted puede implementar en su empresa para resolverlo.

70 proyectos de innovación activos, ninguno ejecutado

Una vez nos reunimos con la Gerente de Innovación de una empresa ecuatoriana de productos de consumo masivo. Ella nos mostró su software de gestión de ideas y cómo habían capturado miles de ideas durante los últimos dos años, llegando a aprobar para ejecución un total de 70 proyectos de innovación. Cuando le preguntamos por el status de cada uno de los proyectos, nos explicó:

Proyecto 1:
Status "En Espera"

"Hace falta que la Gerente de Investigación de Mercados nos ayude con un estudio sobre el consumidor. No lo ha podido completar porque no está dentro de sus objetivos/agenda, y además se encuentra muy ocupada con todo lo que tiene que hacer este año. Tengo que hablar con el Gerente General para que la persuada de apoyarnos con este proyecto".

Proyecto 2:
Status "En Espera"

"Hace falta que el equipo del proyecto saque tiempo para cotizar con el proveedor el sistema que es necesario aplicar para implementar este proyecto".

Proyecto 3:
Status "En Espera"

Y así sucesivamente…

Al final, la empresa tenía 70 proyectos de innovación "activos", pero ninguno se estaba ejecutando.

El reto de pasar del dicho al hecho es un problema recurrente en nuestra cultura latinoamericana. En términos generales, somos buenos generando nuevas ideas, pero malos haciéndolas realidad. Nos cuesta pasar de la creatividad al sonido de la caja registradora.

La historia del nuevo servicio que transformaría la industria

Una vez facilitamos un taller de creatividad para una empresa líder en su mercado. Al final del taller, terminamos todos muy emocionados ya que habíamos logrado encontrar una idea de un servicio realmente innovador que tenía el potencial de transformar la industria.

Al cabo de un año, nos encontramos con los líderes de la empresa en un Congreso de Innovación y con gran expectativa les preguntamos qué había pasado con aquel servicio tan innovador que iban a lanzar al mercado. La respuesta nos dejó realmente perplejos:

"Aunque parezca increíble, el día a día nos ha ganado la batalla y no hemos podido hacer nada con ese servicio. Ahí está la idea sin ejecutar. Ahora que lo mencionan, voy a revisar las notas que tomamos en esa sesión, si encuentro dónde están. Sería interesante lanzar ese producto el próximo año..."

En la misma línea de los casos anteriores tenemos muchos otros ejemplos, con frases que revelan la frustración de los gerentes al no ver materializados los proyectos de innovación: "Acá generamos muchas ideas todo el tiempo, pero las ideas se quedan en el tapete", o "Yo estoy seguro de que estamos dejando mucha plata en la mesa."

Nuestra pregunta para todas las empresas es:
"¿Cuánto dinero está usted dejando en la mesa?"

*¿Se ha preguntado cuánto dinero está
dejando de ganar por proyectos de
innovación no implementados?"*

La siguiente tabla revela las métricas de innovación de una empresa que opera en siete países de América Latina. Al sumar la cantidad de ideas generadas por todos los países, obtenemos un total de 8,338 en un año, todas capturadas a través de campañas masivas en su software de gestión de ideas. De este total, la empresa únicamente ejecutó 236, es decir, un de 2.83% del total de ideas capturadas, para un promedio de efectividad de ejecución de las ideas aprobadas de un 42%. En otras palabras, menos de la mitad de los proyectos aprobados para desarrollarse se han podido ejecutar.

Considerando que la empresa registra el beneficio promedio que le produce cada proyecto de innovación, ¿cuánto dinero más cree usted que hubiera podido generar si fuera más efectiva en la ejecución de los proyectos de innovación aprobados?

INDICADOR	PAÍS 1	PAÍS 2	PAÍS 3	PAÍS 4	PAÍS 5	PAÍS 6	PAÍS 7
Campañas de Ideas por Año	6	5	6	5	6	10	3
Total de Ideas	1,010	2,439	557	666	735	2,062	869
% Aprobación de Proyectos	6%	6%	17%	9%	6%	5%	4%
Total Proyectos Aprobados	56	157	95	59	47	112	38
Proyectos Ejecutados	28	60	25	49	11	50	13
Efectividad Ejecución	50%	38%	26%	83%	23%	45%	34%
Beneficio Promedio por Proyecto (US$)	69.371	35.273	77.509	42.654	65.745	41.103	67.224

¿Por qué a las empresas les cuesta tanto ejecutar los proyectos de innovación?

La simple verdad es que la mayoría de los proyectos de innovación no se ejecuta porque las empresas no asignan los recursos financieros y humanos necesarios.

Al no haber gente dedicada 100% a implementar los proyectos de innovación, estos deben ser asignados a personas que tienen otras responsabilidades dentro de la empresa. Generalmente esas responsabilidades ya consumen la mayoría de su tiempo, incluyendo noches y fines de semana. Entonces, ¿cómo van a innovar si no tienen ni el tiempo ni los recursos para hacerlo?

Sobra decir que en la mayoría de organizaciones, obsesionadas con la eficiencia y optimizadas hasta el último centímetro de grasa, el personal está bastante ocupado con su trabajo diario, de modo que los proyectos de innovación pierden toda prioridad. Como consecuencia, es muy común tener que rogarle a la gente para que participe en la ejecución de estos proyectos.

Además, los seres humanos tendemos a hacer las cosas por las que recibimos compensación. Esto ocasiona que muchas veces surjan conflictos por incentivos, entre alcanzar los objetivos del presente e inventar el futuro de la empresa.

No hay otro modo de decirlo: si a la gente no se le recompensa por sacar tiempo para innovar, simplemente no lo va a hacer.

A mí me pagan por el número de latas que produzco

En una empresa de alimentos, el equipo de Investigación y Desarrollo necesitaba realizar unas pruebas en la planta para ver si esta podría producir un nuevo producto. Cuando le pidieron tiempo en las máquinas, el Gerente de Planta replicó:

"En esta empresa a mí me pagan por el número de latas que produzco al año. Si ustedes hacen esas pruebas, van a atrasar mi programa de producción y yo voy a sacar menos latas. Eso pone el riesgo el bono que yo recibo en diciembre. Prefiero que hagan esas pruebas después de las 12 de la noche."

Predeciblemente, el nuevo producto tuvo un gran atraso en salir al mercado y fue lanzado luego de que la competencia lo hiciera.

Preguntas relámpago:

⚡ ¿Considera usted que hay un conflicto de incentivos en su empresa para ejecutar los proyectos de innovación?

⚡ Si la respuesta es sí, ¿cómo cambiaría el sistema de incentivos para cerrar la brecha entre intereses individuales y organizacionales?

No recuerdo haber leído ese e-mail

La Gerente de Innovación de otro de nuestros clientes necesitaba liderar el desarrollo de un nuevo producto. El Gerente General había presionado para que este producto saliera al mercado en seis meses, en lugar de los doce que era el promedio habitual.

La Gerente de Innovación desarrolló un cronograma detallado, utilizando su mejor juicio sobre cuáles serían las tareas y duración para el lanzamiento del nuevo producto, y se lo comunicó por e-mail a todos los involucrados, ofreciendo aclarar cualquier duda con respecto al cronograma. Algunas de las personas relacionadas con el nuevo desarrollo eran el Gerente de Compras, el Gerente de Logística, la Gerente de la Marca y el Gerente de Mercadeo, todos profesionales muy competentes.

Conforme el proyecto se fue desenvolviendo, aparecieron sorpresas, como que algunas de las personas responsables no sabían que las tareas asignadas requerían más tiempo del que estipulaba el cronograma original del proyecto. Por ejemplo, inscribir el registro de salud del producto, que era una tarea en la ruta crítica del producto, tardaba más tiempo del planificado.

A pesar de que todos los involucrados habían recibido el cronograma, nadie se había tomado la molestia de abrir el e-mail, revisarlo y corroborar que las tareas tenían la duración adecuada. Al final, se falló en alcanzar la fecha de lanzamiento deseada por el Gerente General, provocando una enorme carga de frustración para la Gerente de Innovación.

En este caso en particular, las personas que tenían que ejecutar las tareas del proyecto no estaban comprometidas a hacerlas realidad, y le dieron una mayor prioridad a otros proyectos por los cuales evaluarían su desempeño a final del año.

Thomas Edison decía que la innovación es 1% inspiración y 99% perspiración, es decir, trabajo duro. **Vijay Govindarajan**, experto global en innovación, afirma que innovar es como subir una montaña, en donde generar la idea es llegar a la cima, pero que el verdero reto es bajar de la montaña con vida, o dicho en otros términos, **la ejecución de la idea**[15].

En este punto, el problema de la ejecución ya está más que claro, por lo que no vale la pena seguir insistiendo. ¿Qué tal si mejor proponemos algunas **recomendaciones** para solucionarlo?

1) Estime los beneficios de los proyectos de innovación y asigne los recursos para su ejecución

Si usted desea mejorar la ejecución, la clave está en tener una idea clara del valor económico de los proyectos de innovación que la empresa tiene "atascados" en su tubería, para crear conciencia de cómo estos proyectos pueden contribuir a aumentar las ventas o reducir los costos, y lograr que se asignen los recursos necesarios para ejecutarlos.

Una metodología que hemos ideado con este propósito es calcular el **"ancho de banda para la innovación"**. Se refiere al número de horas-persona que la compañía decide dedicar a la ejecución de proyectos de innovación al año.

Por ejemplo, una empresa de 500 colaboradores puede determinar que 50 personas le van a dedicar un 10% de su tiempo a ejecutar los proyectos de innovación durante un año. Si las personas trabajan 40 horas por semana, esto significa que cada persona dedicará cuatro horas por semana, que multiplicado por 52 semanas al año, serían 208 horas por persona o 10,400 horas-persona al año. Esto es lo que llamamos la "capacidad de ejecución de proyectos de innovación de la empresa", o "ancho de banda de la innovación".

Por otro lado, la empresa debe crear una lista de los proyectos de innovación que desea ejecutar y estimar cuántas horas-persona requiere para implementarlos en el transcurso del año. Si la misma empresa desea ejecutar 10 proyectos y cada uno de esos proyectos requiere 2,000 horas-per-

15   Vijay Govindarajan y Chris Trimble, "The Other Side of Innovation: Solving the Execution Challenge". Harvard Business Review.

sona, por ejemplo, se necesitan 20,000 horas-persona para materializar-los. A esto le llamamos "**demanda de los proyectos de innovación**".

La empresa del caso anterior tiene un déficit de casi 10,000 horas-persona (10,400 menos 20,000) para ejecutar los proyectos de innovación que tiene en su tubería. Es aquí donde la gerencia debe decidir cuáles proyectos le van a producir el mayor impacto económico y estratégico a la organización, y asignar los recursos financieros y humanos necesarios para hacerlos realidad.

2) Introduzca y capacite en la disciplina de Gerencia de Proyectos

Muchas veces, los proyectos de innovación dejan de ejecutarse porque en la empresa no existe suficiente conocimiento ni disciplina sobre Gerencia de Proyectos o *Project Management*. A pesar de que las herramientas del *Project Management* se han popularizado en todo el mundo, no todos los ejecutivos saben cómo administrar un proyecto de forma exitosa.

En nuestro viaje como consultores de la innovación, hemos sido testigos de varios proyectos de innovación que fracasan o no cumplen con las expectativas de tiempo de finalización, calidad o presupuesto por alguna(s) de las siguientes razones:

- No se asignó un líder que fuera 100% responsable del proyecto.

- No se planificó el proyecto de forma apropiada (*"Si fallas en planear, estás planeando fallar"*).

- No se definieron con claridad todas las actividades del proyecto.

- No se asignaron recursos para cada una de las actividades.

- No se le dio seguimiento frecuente (semanal) al proyecto.

- Cuando el proyecto se desvió del plan (en tiempo, presupuesto o calidad), no se intervino oportunamente para ponerlo de nuevo en orden.

- No se previeron los riesgos del proyecto, ni se tenían medidas de contingencia para mitigarlos.

Evidentemente, nada de lo anterior es ciencia de cohetes. **Es simple y pura Gerencia de Proyectos.**

Como regla general, debería invertirse un total del 10% al 15% de las horas del proyecto en gerenciarlo. Es decir, si un proyecto va a requerir 200 horas de trabajo de todo un equipo, por lo menos entre 20 y 30 horas adicionales deberían invertirse en gestionarlo: planificar, dar seguimiento, controlar y luego cerrar el proyecto.

Si tomamos las causas de fracaso mencionadas arriba y las ponemos en positivo, estas serían las recomendaciones para que un proyecto de innovación sea exitoso:

- Asigne a una persona que sea 100% responsable de la gestión del proyecto de innovación (administrador del proyecto).

- Elabore el acta de constitución del proyecto (el acta que lo autoriza) para que todos los involucrados tengan claro el producto final que se desea obtener.

- Determine las partes involucradas (participantes, *stakeholders*) del proyecto e involúcrelas desde el principio.

- Desarrolle un plan integral del proyecto:

  - Planee el alcance
  - Construya el cronograma
  - Calcule el presupuesto

- Dé seguimiento frecuente (por ejemplo, semanal).

- Controle el proyecto: cuando se desvíe del plan (en tiempo, presupuesto o calidad), intervenga oportunamente para ponerlo de nuevo en la dirección correcta.

- Prevenga los riesgos del proyecto y tenga medidas de contingencia contempladas para mitigarlos.

- Cierre el proyecto en forma profesional con la aprobación del producto final, revisando la documentación recopilada y analizando lecciones aprendidas.

El administrador del proyecto puede ser una persona de un mando medio. No tiene que estar dedicada exclusivamente a este proyecto, pero sí es responsable de darle seguimiento y de asegurarse de que se cumplan los objetivos planteados, tanto en tiempo como en calidad.

El acta de constitución del proyecto, mencionada previamente, debe incluir toda la información relevante, como objetivos, justificación, cuál es el producto del proyecto, el administrador, la fecha de inicio, de finalización, y otros detalles. Aquí nada sobra: cuanto más específica sea el acta de constitución, menor será la posibilidad de un fracaso.

Otra información útil en el acta son los estudios que respalden el proyecto, un cronograma de la ruta crítica, los objetivos de calidad y sus métricas (aprobadas por el cliente final), las restricciones y el *"sponsor"* o patrocinador, que es la persona a la que se le darán las cuentas del proyecto.

Cuando una idea haya sido aprobada para su implementación, transfórmela en un proyecto y aplique la metodología de Gerencia de Proyectos:

IDEA

FORMULACIÓN DEL PROYECTO DE INNOVACIÓN

EVALUACIÓN DE PROYECTO DE INNOVACIÓN

AUTORIZACIÓN DEL PROYECTO DE INNOVACIÓN

INICIACIÓN DEL PROYECTO DE INNOVACIÓN

PLANEACIÓN DEL PROYECTO DE INNOVACIÓN

SEGUIMIENTO Y CONTROL DEL PROYECTO DE INNOVACIÓN

CIERRE DEL PROYECTO DE INNOVACIÓN

EVALUACIÓN DE RESULTADOS DEL PROYECTO DE INNOVACIÓN

3) Enfóquese en pocos proyectos

A pesar de que las empresas suelen tener la mejor de las intenciones para ejecutar sus proyectos de innovación, los recursos para ejecutarlos siempre son limitados y compiten con otras iniciativas estratégicas importantes que se realizan de forma paralela.

Por ello, otra recomendación consiste en priorizar drásticamente los proyectos de innovación y ejecutar un menor número de proyectos al año, pero con mayor potencial de impacto. Es preferible que la organización ejecute tres proyectos de innovación al año, a que trate de implementar diez y al final no termine ninguno. Las probabilidades de ejecutar exitosamente un proyecto disminuyen proporcionalmente al número de proyectos que la organización está tratando de ejecutar.

Nuestra sugerencia es que la empresa se enfoque disciplinadamente en desarrollar los proyectos que puede ejecutar y deje otros "incubar" en paz durante el año, sin ningún remordimiento. Si la empresa logra ejecutar sus proyectos de innovación de mayor impacto, de seguro obtendrá mejores resultados.

Por ejemplo, un banco con el que trabajamos hace algún tiempo quería ser el primero en Centroamérica en sacar una aplicación (*app*) para iPhone. Debido a que la cola de desarrollo de sistemas era enorme, el Director de TI decidió darle prioridad en la asignación de recursos a este proyecto y ponerlo de número uno en la fila, lo que le permitió lanzar el *app* al mercado en un tiempo récord, muy por delante de la competencia.

4) Tenga procesos de innovación más estructurados

En general, cada proyecto de innovación es único; sin embargo, hay ciertos proyectos que son repetitivos en su estructura. Por ejemplo, una empresa de alimentos de consumo masivo que todos los años lanza nuevos productos al mercado, debe seguir el mismo proceso para cada producto nuevo que desarrolla.

A sabiendas de que todos estos proyectos siguen prácticamente las mismas etapas, la empresa tendrá un gran impacto en la ejecución si se enfoca en estructurar y mejorar su proceso de desarrollo de nuevos productos.

Usted puede empezar creando un cronograma maestro que puede usar como base para el desarrollo de todo nuevo producto. Este cronograma debe contener todas las actividades, tiempos y responsables del proyecto. Cuando vaya a planificar el desarrollo de un nuevo producto, lo único que tendría que hacer es decidir cuáles de todas las actividades aplicarán para ese proyecto, y luego incluir las fecha de inicio del proyecto. El cronograma se actualizaría automáticamente.

5) Estandarice los procesos de administración del portafolio, de programas y proyectos

Además de sistematizar los procesos de innovación, usted también puede estructurar los procesos de administración de proyectos en un protocolo estándar.

El hecho de contar con un protocolo de administración profesional de proyectos le ayuda a la organización a mejorar su capacidad para ejecutar los proyectos de innovación.

Muchas organizaciones en América Latina cuentan con una PMO (*Project Management Office*) o Oficina de Administración de Proyectos, que se encarga de gestionar todos los proyectos de la organización. Si este es su caso, una vez que se define un proyecto de innovación, la PMO debería tomarlo y gestionarlo hasta su ejecución exitosa. Las empresas que tienen una PMO que apoye los proyectos de innovación tienen una ventaja enorme sobre sus rivales.

6) Identifique a las personas con mejores capacidades de ejecución

Como hemos mencionado en capítulos anteriores, algunas personas son muy buenas para generar ideas; otras, son mejores para hacerlas realidad (rol creativo versus rol ejecutor).

Algo que ha ayudado a muchas empresas a mejorar su capacidad de ejecución de proyectos es identificar a las personas dentro de la organización que poseen una capacidad especial para hacer que las cosas sucedan.

Estas personas pueden no ser las más creativas, pero en cuanto se les lanza un proyecto, empiezan a "aterrizar" el cómo se va a realizar, cuáles son las tareas, cuáles son las personas y los recursos que necesitan.

Es decir, vale la pena desarrollar un perfil de Project Manager para los proyectos de innovación, y buscar a la persona correcta cuando necesite hacer que un proyecto de innovación se materialice.

7) Mejore los incentivos y reconocimientos para la ejecución

Un amigo mexicano nos decía una vez: "Con la lana, baila la rana", y creemos que esto también aplica a los proyectos de innovación.

Mientras que no se alineen los bonos y las recompensas con la ejecución de los proyectos, nada va a suceder. Si, por ejemplo, los agentes de ventas ganan una comisión igual por todos los productos que vendan, ellos preferirán vender el producto viejo y conocido que intentar vender los nuevos productos, que el mercado aún no conoce y sus ventas son inciertas.

Adicionalmente, es fundamental otorgar reconocimientos a las personas no solamente por las ideas generadas, sino por las ideas **implementadas.**

La mayoría de las empresas dan premios por la gran idea, pero nunca reconoce a las personas que pusieron su "sangre, sudor y lágrimas" por la ejecución de la misma.

Esto nos hace recordar lo que nos decía un empleado durante la premiación a las mejores ideas que hacía su empresa al final del año:

> **"A esa persona le dieron el premio por la mejor idea, pero nadie se dio cuenta que yo fui quien hizo que esa idea fuera posible. Nadie se acuerda de todos los que ayudamos a implementarla."**

En este sentido, debemos aprender también a hacer "héroes" a los ejecutores de ideas.

Si usted mejora los incentivos y reconocimientos para la ejecución de los proyectos de innovación, tendrá proyectos más exitosos.

8) Use más al Maquiavelo de la innovación

Las empresas están primordialmente compuestas por seres humanos, en donde cada uno tiene su propia agenda. Algunos se benefician de mantener intacto el status quo, y lo defenderán a muerte.

Los Gerentes de Innovación tienen el reto de mover sus influencias para lograr que los proyectos de innovación realmente se ejecuten. Es necesario aprender a leer entre líneas el mapa de poder dentro de la organización, definir a quién hay que tener de nuestro lado, y cómo debemos venderle los proyectos de innovación.

Este juego tras bambalinas para manipular las cuerdas de la innovación es uno de los aspectos que no se menciona en ningún libro de innovación ni de administración de proyectos, pero todos sabemos que es verdad.

¿Cómo hacer que el Gerente de Mercadeo acceda a que el Jefe de Investigación de Mercados le dedique tiempo a un proyecto de innovación que no va a tener impacto en su bono de fin de año?

Uno de los trucos que hemos aprendido es que si uno tiene al Gerente General u otra gerencia importante dentro de la empresa como "padrino" de su proyecto de innovación, aumenta sus probabilidades de hacerse realidad.

No obstante, lo ideal es que todas las personas de la empresa apoyen el proceso de innovación sin necesidad de que el "padrino" tenga que usar su influencia, sino porque realmente están convencidos de la importancia de ejecutar los proyectos de innovación.

9) Liderazgo, liderazgo, liderazgo

Los casos en donde hemos visto mayor éxito en la ejecución de proyectos de innovación se caracterizan por un alto nivel de liderazgo y compromiso de parte de la Gerencia General.

Un colega nos contaba de un proyecto de innovación que estuvo atorado durante seis años en su empresa, hasta que la alta gerencia realmente se involucró e hizo posible que el mismo proyecto saliera en apenas tres meses.

En el capítulo 7 profundizamos bastante sobre la importancia del liderazgo para crear una cultura de innovación. Lo mismo aplica para la ejecución de los proyectos.

10) Seguimiento, seguimiento, seguimiento

Por más obvio que suene, no podemos dejar de recordar la importancia del seguimiento para hacer que las cosas sucedan.

Una de las herramientas más simples y prácticas que recomendamos para el seguimiento de los proyectos es una hoja en Excel que permita visualizar el portafolio de proyectos. A esto le llamamos **tubería** o *pipeline* de innovación.

Todos los lunes en la mañana, con una disciplina militar, el Gerente o persona responsable de Innovación debe revisar cada proyecto y consultar su status con el administrador del proyecto. Aconsejamos usar un semáforo de colores para indicar el status de cada proyecto:

- **Verde**: A tiempo según el cronograma inicial y cumpliendo con el presupuesto.

- **Amarillo**: En pausa por alguna razón o sin cumplir la meta de calidad o presupuesto.

- **Anaranjado**: Atrasado según el cronograma o desviado de la calidad y presupuestos planeado.

- **Rojo**: Detenido totalmente, el proyecto no está avanzando o tiene una desviación muy grande del plan.

Una vez que se identifica el color en que se encuentra cada proyecto, el Gerente de Innovación debe trabajar con las siguientes prioridades:

- **Proyectos en Rojo**: Hacer lo necesario para ponerlos de nuevo en acción según el plan.

- **Proyectos en Anaranjado**: Hacer lo necesario para ponerlos de nuevo en acción según el plan.

- **Proyectos en Amarillo**: Remover los obstáculos para que el proyecto avance sin problemas.

- **Proyectos en Verde**: Prevenir si existe algún riesgo que el proyecto pueda atrasarse. Tener a mano un plan de contingencia.

Luego de verificar el status de sus proyectos, cada administrador debe revisar las tareas calendarizadas para esa semana, y comunicarse con los encargados de cada actividad para asegurarse de que dichas tareas se ejecuten satisfactoriamente.

Esta rutina debe repetirse de forma disciplinada, semana tras semana, hasta la finalización de cada proyecto de innovación en el portafolio.

A continuación le mostramos un ejemplo de "tubería" de innovación de una empresa con la que trabajamos.

Tubería de Proyectos de Innovación Empresa X

Código Proyecto	Nombre Proyecto	Prioridad	Líder Responsable	Fecha Inicio	Fecha Cierre	Status
IN001	Proyecto Beta	A	Pedro Pérez	2 Abril	2 Junio	A tiempo
IN002	Proyecto Gamma	B	María Tanzi	4 Marzo	4 Abril	En pausa
IN003	Proyecto Sigma	A	Karla Cartín	1 Febrero	1 Agosto	Atrasado
IN004	Proyecto Epsilon	C	Juan Bernini	1 Mayo	31 Mayo	Detenido

Una de las mejores prácticas para el seguimiento de proyectos la aprendimos de un cliente nuestro. Consiste en producir un Reporte Mensual de Seguimiento de Proyectos de Innovación, en donde se muestra el número de proyectos que se está implementando en cada Gerencia de la empresa, y con un semáforo (verde, amarillo, rojo), se indica la efectividad de la ejecución de cada Gerencia.

Este reporte es enviado todos los meses a todas las gerencias con copia al Gerente General, quien, en caso de ver un indicador amarillo o rojo, llama al gerente de esa área para que le explique por qué tiene problemas de ejecución.

Sobra decir que a ningún gerente le gusta verse mal en este reporte, y esto los motiva a prestarle mucha atención a sus proyectos de innovación. De esta forma, el seguimiento por la alta gerencia se vuelve un factor crítico para que todos los proyectos se ejecuten apropiadamente.

Reporte de Seguimiento de Proyectos de Innovación

Gerencia	# Ideas	2012			
		Enero	Febrero	Marzo	Abril
Operaciones	15	A	R	V	V
Mercadeo	5	V	V	V	V
Finanzas	1	V	V	V	V
Servicio al Cliente	2	R	R	R	R
Ventas	6	R	V	A	A
TOTAL IDEAS	29	A: Amarillo R: Rojo V: Verde			

Cerramos este capítulo con el aporte de la Gerente de Innovación de Gruma Centroamérica, líder en molienda de maíz, fabricación de tortillas y *snacks*. Ella nos compartió las claves que le han permitido implementar de forma exitosa decenas de proyectos de innovación en su empresa. ¡Sabiduría pura desde las trincheras de la innovación!

Claves para una implementación exitosa

1. Proyectos seleccionados como prioritarios en conjunto con la Gerencia General.

2. Proyectos 100% alineados a las necesidades y estrategias de la empresa.

3. Un proyecto es exitoso si tiene un patrocinador o *sponsor* interesado en su logro. Proyectos de muy alto impacto y de inversiones y gastos importantes, se han realizado por el sponsor mismo. La Gerencia de Innovación debe tener un alto conocimiento de la organización para que asigne estos sponsors de la manera más acertada.

4. Definitivamente, las herramientas de administración de proyectos, aunque sean básicas, resultan indispensables. Si la empresa carece de personas que conozcan la metodología, debe trabajar mucho en esto.

5. Entrene a su gente en *Six Sigma Green Belt* para mejorar la ejecución de proyectos. Esta es una herramienta muy útil para lograr que los equipos se enfoquen, analicen lo que realmente es importante, indiquen con bases estadísticas dónde realmente hay oportunidades, y los motiva también a la creatividad.

6. Indispensable también el reconocimiento, única y exclusivamente por implementación y logros.

Recordemos que la implementación de proyectos es la que garantiza nuestra existencia como Área de Innovación.

RESUMEN DEL CAPÍTULO

El reto de pasar del dicho al hecho es un problema recurrente en nuestra cultura latinoamericana. Generamos muchas ideas, pero nos cuesta hacerlas realidad. En materia de innovación sucede lo mismo, pues la implementación de los proyectos continúa siendo uno de los mayores retos y talones de Aquiles que enfrentan los gerentes en empresas de toda la región.

Esto se debe, primordialmente, a la falta de personas dedicadas en forma exclusiva a la ejecución de proyectos de innovación. Con cada minuto de su tiempo comprometido, no hay quien quiera involucrarse en un proyecto que solo significará más horas de trabajo.

Además, muchas veces surgen conflictos por incentivos, entre alcanzar los objetivos del presente e inventar el futuro de la empresa.

Para solucionar este problema, recomendamos las siguientes acciones:

1. Estimar los beneficios de los proyectos de innovación y asignar los recursos para su ejecución

2. Introducir y capacitar en la disciplina de Gerencia de Proyectos

3. Enfocarse en pocos proyectos

4. Tener procesos de innovación más estructurados

5. Estandarizar los procesos de administración del portafolio, de programas y proyectos

6. Identificar a las personas con mejores capacidades de ejecución

7. Mejorar los incentivos y reconocimientos para la ejecución

8. Usar más al Maquiavelo de la innovación

9. Liderazgo, liderazgo, liderazgo

10. Seguimiento, seguimiento, seguimiento

GUÍA PARA LA ACCIÓN

- Reúna a su equipo y analice cuán efectiva ha sido su empresa implementando los proyectos de innovación.

- Haga una lista de los problemas de ejecución de proyectos que tenga su empresa y diagnostique cuáles son las causas de cada uno.

- Utilice las recomendaciones de este capítulo para implementar acciones que le permitan mejorar la ejecución de sus proyectos de innovación.

9

TENDENCIAS

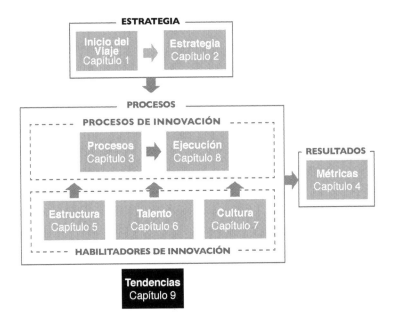

A lo largo de ocho capítulos, hemos acudido a la experiencia, tanto personal como colectiva, para tratar de desmitificar algunas de las creencias más comunes sobre innovación.

Al llegar a este punto, el último capítulo del libro, nos gustaría finalizar con una mirada hacia el futuro de la innovación en el mundo, identificando las tendencias más importantes en este campo y cómo estas podrían impactar la innovación en América Latina.

¿QUÉ ES INNOVACIÓN ABIERTA (OPEN INNOVATION)?

Sin duda, una de las tendencias cada vez más importantes es la innovación abierta, también conocida como **open innovation.**

Es una nueva estrategia bajo la cual las empresas van más allá de los límites internos de su organización para innovar, apoyándose en personas o empresas externas.

"

La innovación abierta combina el conocimiento interno con el externo para innovar más rápidamente. "

Aunque muchas empresas han buscado ideas afuera de sus paredes desde hace años, el término fue acuñado en el año 2003 por el Profesor **Henry Chesbrough** del Haas School of Business de la Universidad de California, Berkeley[16].

Innovación abierta significa combinar el conocimiento y las capacidades internas con el conocimiento y las capacidades externas para desarrollar proyectos de innovación. Bajo este contexto, los clientes, los proveedores, los consultores, las universidades y cualquier persona u organización externa, son fuentes que pueden ofrecer nuevas perspectivas y soluciones a los problemas habituales.

Tradicionalmente, las compañías han gestionado la innovación de forma interna (lo que se conoce como innovación cerrada), donde los proyectos de innovación se realizan exclusivamente con el conocimiento y los recursos de la propia organización.

La lógica detrás de la innovación abierta es que en un mundo caracterizado por el conocimiento distribuido, nadie tiene el monopolio de las ideas y una empresa puede crear y capturar valor al colaborar sistemáticamente con aliados fuera de ella, integrando conocimiento, propiedad intelectual y productos externos que se pueden incorporar al proceso de innovación interna o cerrada.

La innovación abierta puede aportar una serie de beneficios, entre los que se incluyen reducción de costos, aumento de la creatividad, reducción de tiempos de desarrollo y reducción de riesgos. Al usar aliados externos, una empresa reduce su "tiempo al mercado" y el riesgo al innovar, pues no tiene que desarrollarlo todo por sí misma. ¿Para qué matarse inventando la rueda cuando ya otro la inventó y está dispuesto a prestarla?

16 Él introdujo formalmente el concepto en su libro "Open innovation--The New Imperative for Creating and Profiting from Technology".

Aunque los esfuerzos de innovación abierta en América Latina son apenas incipientes, ya hay algunas empresas líderes que la están aplicando con resultados favorables.

El caso Natura en Brasil

Tal y como mencionamos en el capítulo 1, Natura es una de las empresas más innovadoras de América Latina, con sede en Brasil. Se dedica a la fabricación y comercialización de cosméticos, fragancias y productos de higiene personal que respetan el medio ambiente.

La empresa es pionera en la aplicación de innovación abierta en América Latina. En 2008 contaba con un departamento de siete personas dedicadas a tiempo completo a buscar alianzas para innovar con otras empresas e instituciones académicas.

Ha desarrollado una red de alianzas con más de 200 grupos de investigación para desarrollar un portafolio de nuevas tecnologías que le permita innovar. De hecho, la empresa cuenta con un portal para que sus aliados envíen propuestas de nuevos productos o nuevas tecnologías, de las cuales el 20% han sido aprobadas. Posee una red extensa de aliados en Brasil, así como alianzas internacionales con empresas fabricantes de cosméticos de Alemania, Francia y Estados Unidos.

Natura tuvo su primer gran éxito de innovación abierta en el año 2000, cuando lanzó, en alianza con una empresa internacional, la línea de productos Chronos Elastinol, un cosmético especialmente diseñado para retardar el envejecimiento de la piel. Requirió más de tres años de investigación y 500 formulaciones con investigadores tanto internos como externos, así como estudios fotográficos de la piel que fueron validados con la ayuda de 116 dermatólogos de todo Brasil.

La línea Chronos Elastinol le permite a la mujer escoger el tratamiento más adecuado según la intensidad de las señales de envejecimiento de su piel.

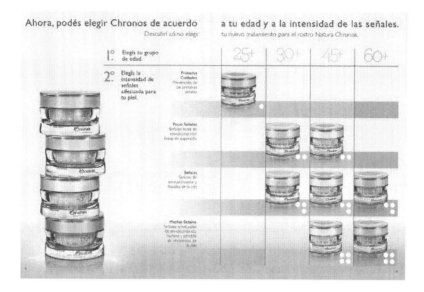

Aunque el ejemplo anterior responde a una colaboración entre fabricantes, la innovación abierta con clientes es una de las aplicaciones más comunes en América Latina.

Poner al cliente en el centro del proceso de innovación de la empresa es una tendencia cada vez mayor, por lo que el consumidor deja de ser un espectador y se convierte en un "socio", participando en procesos de creación de productos y servicios. Este proceso de innovación se conoce como **co-creación** con los clientes.

El Banco **BAC-Credomatic** en Centroamérica, un grupo propiedad del Banco de Bogotá en Colombia, constantemente realiza campañas en su sitio web para solicitar ideas a sus clientes.

Algunas empresas también solicitan ideas a sus proveedores para conocer cuáles nuevas tecnologías, maquinarias o materiales de empaque les pueden ayudar a innovar. Según nuestra experiencia, ya hay muchas empresas en América Latina solicitando ideas a sus clientes y proveedores.

Tal es el caso de **Alimentos Prosalud** en Costa Rica, que regularmente expone a sus proveedores las áreas en donde necesita reducir costos, cuando ya ha agotado las ideas internas para lograrlo. Los proveedores visitan la planta de produccción y tienen un mes para presentar un proyecto innovador de reducción de costos. A través de esta iniciativa, la empresa ha obtenido ideas con el potencial de reducir más de US$500,000 anuales.

Durante los últimos años han aparecido organizaciones que se especializan en ayudar a las empresas a implementar la innovación abierta, conocidas como **intermediarios de innovación, mercados de ideas o incubadoras de ideas**. Estos actúan como puntos de encuentro entre las empresas y el conocimiento externo.

Un ejemplo de estos intermediarios de innovación es **NineSigma**, un experimentado proveedor de innovación abierta con presencia en Brasil y Colombia a través de su alianza estratégica con la empresa **Inventta**.

Sobresale también **Innoversia**, un portal que conecta a empresas e investigadores externos. Permite que los investigadores consulten las demandas de investigación que les interesen y postularse con solo un clic, y al mismo tiempo, las empresas seleccionan la solución más idónea a sus requerimientos.

Guía para implementar la innovación abierta

Generalmente recomendamos a las empresas que pongan en práctica iniciativas de innovación abierta una vez que hayan madurado sus procesos de innovación cerrada. Como dice el viejo dicho, antes de correr hay que aprender a gatear.

Si usted considera que su empresa está lista para aprovechar los beneficios de una estrategia de innovación abierta, a continuación le presentamos una guía que le ayudará a ponerla en práctica:

1. Defina una estrategia de innovación abierta

A. Defina, puntualmente, dónde la innovación abierta va a apoyar los objetivos de innovación de su empresa.

B. Determine cuáles son los tipos de innovación que apoyará la innovación abierta. Es decir, ¿le ayudará a desarrollar nuevos productos y/o servicios, nuevas tecnologías para apoyar procesos, nuevas alianzas estratégicas, reinventar su modelo de negocios, crear nuevos canales de comunicación, o quizá encontrar nuevas formas de distribución?

C. Establezca en cuáles unidades de negocios se va a implementar la innovación abierta.

D. Decida si quiere obtener la propiedad intelectual de otras empresas, o por el contrario, que otra empresa comercialice la propiedad intelectual de su compañía.

E. Por último, defina cuántos recursos desea invertir en innovación abierta y quién la administrará en la empresa, lo cual nos lleva al siguiente punto.

2. Asigne a un responsable de innovación abierta

Es esencial que la innovación abierta tenga un solo dueño en la organización, quien administrará los procesos que requieren los distintos departamentos. Esto para evitar que el personal ande corriendo por todas partes sin una dirección clara.

3. Defina la audiencia externa que invitará a generar ideas

Es muy importante definir a quién se dirigirá su estrategia de innovación abierta. Es decir, si serán clientes, proveedores, universidades o expertos de otras industrias los que le darán ideas para solucionar su problema.

4. Construya una cultura de innovación abierta

Los líderes de innovación deben comunicar su estrategia de innovación abierta para crear compromiso y despertar un sentido de urgencia por la misma. Una vez comunicada la estrategia, viene el momento de apoyar la construcción de conexiones, tanto dentro como fuera de la empresa.

Algunas empresas se rehúsan a tomar ideas de afuera porque están convencidas de tener el conocimiento necesario para innovar, y creen que sus ideas siempre serán mejores.

Esta es una de las principales barreras a la innovación abierta y se conoce como el síndrome de **"No Inventado Aquí"** (NIH, por sus siglas en inglés *"Not Invented Here"*).

Si no se toman medidas para que las personas abran su mente hacia ideas provenientes de afuera de la empresa, los esfuerzos de innovación abierta serán infructuosos.

> **Las personas deben abrir su mente a ideas externas para que la innovación abierta funcione"**

5. Defina el tipo de evento que apoyará su estrategia

Seleccione el tipo de evento de innovación abierta que desea utilizar, así como los recursos económicos para llevarlo a cabo. Entre los tipos de eventos están:

- Concursos de ideas dirigidos a personas externas (por ejemplo inventores, investigadores u otros).

- Sesiones de co-creación con clientes y proveedores.

- El uso de un intermediario de mercados de ideas como Ninesigma, Innocentive, etc.

Adicionalmente, es importante que para cada evento usted defina:

- Las recompensas que recibirán las personas que darán las ideas.

- El tiempo que va a durar el proceso.

- Los medios que va a utilizar para obtener la información (medios electrónicos, ferias, redes sociales, etc.).

6. Haga realidad las ideas obtenidas

Una vez que se captura la creatividad externa e interna de la organización, llega el momento de materializarla:

- Tenga cuidado con el tema de propiedad intelectual. Protéjase y evite que los competidores o aliados le saquen provecho a sus ideas o conocimientos.

- Desarrolle un proceso para evaluar las ideas.

- Realice prototipos de las ideas seleccionadas.

- Lance al mercado las innovaciones.

7. Defina las métricas de innovación abierta

Defina una meta que sea medible y que constituya el fundamento de la evaluación de la innovación abierta.

Aunque nuestro libro está enfocado en las realidades de América Latina, vale la pena mencionar la frase de **A.G. Lafley**, ex-presidente de P&G, quien estableció que el 50% de las innovaciones de Procter & Gamble tenían que venir de afuera.

De esta manera, Lafley comunicó una meta concreta y fácil de recordar para que fuera más sencillo concentrarse en cumplirla, y comprometer a sus colaboradores a involucrarse en el tema de innovación abierta.

Si su empresa tiene un proceso de innovación maduro y desea saltar al siguiente nivel, quizá sea el momento de implementar iniciativas de innovación abierta para desarrollar ideas más radicales, en menos tiempo y a un menor costo.

¿QUÉ ES EL DESIGN THINKING?

Design Thinking, también conocido como Pensamiento de Diseño, es un término acuñado por la consultora en innovación y diseño **IDEO** (ideo.com) y profesionales de la **Universidad de Stanford** (stanford.edu), para referirse a un proceso metodológico de resolución de problemas.

Ha ganado mucho adeptos en los últimos años gracias a que integra aspectos del proceso creativo de los diseñadores, a la vez que complementa dicho proceso con métodos de observación de los antropólogos.

> **El Design Thinking combina el proceso creativo de los diseñadores con métodos de antropología.**"

Uno de los aspectos más importantes del Design Thinking es la **focalización en los aspectos humanos o de los usuarios**, como punto de partida a un proceso que considerará también los aspectos tecnológicos (factibilidad) y los aspectos del negocio (viabilidad).

Esta metodología no es una receta, sino **una forma de hacer las cosas**, donde la actitud de búsqueda, experimentación y trabajo en equipo son fundamentales para solucionar un problema e innovar. No es una tarea del departamento de Diseño o de Investigación y Desarrollo, sino un esfuerzo colectivo de toda la organización.

El proceso se ha ido validando en la medida que universidades como la Universidad de Stanford han instalado centros de estudio y aplicación de dichas metodologías. Tal es el caso del **Hasso Platner Institute of Design**, conocido como el **D.School**, un espacio para la experimentación, el aprendizaje y el entrenamiento de estudiantes de postgrado y ejecutivos de empresas, que llegan a Stanford en búsqueda de nuevas formas de solucionar problemas e innovar.

¿Cuáles son los componentes del proceso de Design Thinking?

El proceso posee siete etapas: **entender, empatizar, definir, idear, prototipar, testear e implementar.**

Entender: En esta etapa el equipo de innovación se reúne para entender el problema o reto que está tratando de resolver con el proyecto. Muchas veces se empieza a buscar soluciones sin tener un verdadero entendimiento del reto de negocios que se debe solucionar. Aquí se define quién o quiénes serán los usuarios o clientes de la solución innovadora que se va a diseñar.

Empatizar: En la etapa de empatizar se pone al usuario o cliente en el centro del proceso de innovación. Se utilizan técnicas como la observación de campo, entrevistas a profundidad, pasar un día en la vida del cliente, entre otras, para encontrar *"insights"* u oportunidades de innovación.

Definir: Una vez que se tiene un conocimiento profundo del cliente, el equipo de innovación define el problema o reto en el que va a innovar. Generalmente, lo que uno pensaba que era el problema original, no necesariamente será el nuevo problema que se va a solucionar. La clave de esta etapa está en hacer que el equipo cuestione sus paradigmas sobre el problema, y lo vea desde un punto de vista fresco y diferente, lo que permitirá encontrar soluciones nuevas e innovadoras.

Idear: Este es el momento en donde se generan ideas creativas para solucionar el problema. Nótese que en la mayoría de los proyectos de innovación se empieza con un *brainstorming* sin haber pasado por las etapas de Entender-Empatizar-Definir, lo que generalmente lleva a que el equipo no piense diferente y termine generando las mismas ideas de siempre, ideas incrementales o ideas que no son prácticas de implementar. Son precisamente las tres etapas anteriores, las que hacen que la ideación sea realmente efectiva con la metodología de Design Thinking.

Prototipar/Testear: Una de las diferencias del Design Thinking es que reduce el riesgo del proceso de innovación, al generar prototipos rápidos y baratos que pueden probarse inmediatamente con el cliente. Es una metodología muy orientada a la acción. La idea de esta etapa es "pensar haciendo", para recibir retroalimentación del cliente y volver a iterar nuevos diseños hasta llegar a una solución satisfactoria para el reto de negocios.

Implementar: Una vez que se tiene una idea que resuelve satisfactoriamente las necesidades del cliente, se procede a desarrollar un caso de negocios y plan de acción para ejecutar la solución. Cuando la alta gerencia de la empresa aprueba el proyecto, se procede a su implementación.

Estos pasos no son lineales, pudiendo ocurrir simultáneamente, o bien, repetirse, en lo que los diseñadores llaman un **"proceso iterativo"**.

El proceso ayuda a desarrollar grandes ideas de manera rápida y más eficiente, ya sea en el desarrollo de nuevos productos o servicios, innovaciones en procesos o nuevos modelos de negocios.

¿Cómo se diferencia de otras metologías de innovación y técnicas de resolución de problemas?

Design Thinking se diferencia al vincular el **pensamiento creativo** (lado derecho del cerebro) con **el pensamiento analítico** (lado izquierdo), y no prioriza un método de pensamiento por sobre el otro, sino que mezcla los aspectos positivos de ambos.

A pesar de que el Design Thinking es una tendencia relativamente reciente, ya hay varias empresas que la utilizan en América Latina.

Design Thinking en el Banco de Perú

En 2010, empezamos a dar consultoría a un banco peruano con presencia en siete países. Ese año el banco capturó un total de 5,439 ideas de sus colaboradores, en los siete países donde opera, utilizando un software de captura y evaluación de ideas como parte de su programa para sistematizar la innovación.

Le propusimos al banco utilizar la metodología de Design Thinking para mejorar significativamente la calidad y el impacto económico de sus ideas. El proceso que seguimos consistió en:

- Seleccionar a cinco equipos de innovadores que trabajarían en los cinco focos estratégicos de innovación, definidos por la alta gerencia del banco en conjunto con Innovare.

- Capacitar a los equipos en Design Thinking como la metodología de innovación para el proyecto. Cada equipo fue al campo a vivir al experiencia de los clientes, observarlos y entrevistarlos para realmente ponerse en sus zapatos y entender sus necesidades.

- Los equipos luego definieron el reto de negocios que debían resolver para los clientes y generaron ideas utilizando la metodología. Las ideas fueron evaluadas, prototipadas y testeadas con los clientes.

- Finalmente, los cinco equipos presentaron sus proyectos de innovación a la Junta Directiva. En conjunto, los proyectos generados tienen el potencial de producir un aumento de US$5,500,000+ en las utilidades anuales del banco. El 100% de los proyectos fue aprobado por la Junta Directiva para ser ejecutado.

Si usted siente que las ideas que produce su proceso de innovación son incrementales y que no tienen un alto impacto económico en los resultados del negocios, posiblemente sea hora de considerar metodologías más robustas y modernas que le permitan producir las ideas radicales que requiere su negocio.

¿QUÉ ES INNOVACIÓN EN LOS SERVICIOS?

Otra tendencia importante a nivel mundial es la transición de economías que producen bienes a economías que producen servicios.

Conforme la mayoría de las operaciones de manufactura migran hacia China y otros países asiáticos con mano de obra barata, muchos países de América Latina están viendo cómo cada vez una porción más grande de su producto interno bruto proviene de ofrecer servicios, por ejemplo *call centers, shared services,* turismo, etc.

Al ser esta tendencia irreversible, las herramientas que tradicionalmente hemos utilizado para innovar en productos, empiezan a volverse obsoletas y surge la necesidad de desarrollar nuevas herramientas que nos permitan innovar en los servicios.

En este contexto, vemos cómo surge un movimiento fuerte hacia el diseño de los servicios (*Service Design*) y un énfasis en la innovación enfocada en la **experiencia del cliente.**

Un caso muy interesante es el restaurante **Andrés Carne de Res** (ACR) en Colombia. Fundado hace 27 años por **Andrés Jaramillo** y su esposa, este restaurante, hoy también es bar, discoteca, *rumbeadero, coqueteadero, conversadero, estadero, miradero* y punto de peregrinación imperdible para cualquier turista que visite Colombia.

Pero, ¿dónde reside el secreto? La respuesta es más simple de lo que parece: ACR vende una **experiencia**, como lo hacen Disney o Starbucks. Al entrar al restaurante, los comensales encuentran una **celebración de la vida**. Miles de objetos inclasificables conforman la decoración, incluyendo imágenes del Sagrado Corazón, cacerolas, esculturas rotas, latas y canastos, sin ningún orden aparente. La música también resiste cualquier clasificación, pues se trata de un *crossover* extremo donde los vallenatos comparten con canciones del Billboard de 1976 y la música electrónica post-ochentera. La oferta de platos es amplia y diversa.

En 2009 se inauguró un segundo ACR en Bogotá, y hay planes para abrir nuevos locales en otros países.

La experiencia del cliente engloba todas las interacciones de una persona con una empresa, las cuales pueden fortalecer o debilitar la relación, y el deseo del cliente de regresar, gastar más y recomendar a la empresa. En síntesis, es la forma como los clientes perciben a la marca en cada punto de contacto o **momentos de la verdad**.

"
La experiencia del cliente engloba todas las interacciones de una persona con una marca o empresa."

Las empresas que innovan en la experiencia del cliente mapean los diferentes momentos de la verdad y los diseñan de manera que la experiencia exceda las expectativas del cliente en cada punto de contacto.

Empresas como **Toyota Rent a Car** han sido pioneras en mapear los momentos de la verdad para desarrollar servicios innovadores, con la finalidad de darle mayor valor a la marca, satisfacción a los clientes y utilidades a la empresa.

En el siguiente Mapa del Viaje del Cliente, podemos ver cómo la empresa desarrolló una estrategia para transformar muchos de los momentos de la experiencia del cliente de negativos a positivos o memorables.

Momentos de la verdad durante la experiencia
de alquilar un automóvil

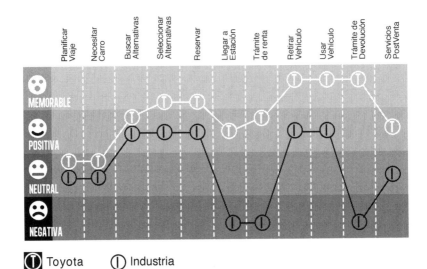

T Toyota   I Industria

Si usted piensa que su empresa tiene la oportunidad de reinventar la experiencia del cliente para diferenciarse de sus competidores y mejorar la lealtad de sus clientes, valdría la pena considerar un proyecto de Innovación en los Servicios, que le permita mapear su experiencia actual de servicio y generar ideas de cómo hacerla memorable para sus clientes.

¿QUÉ ES INNOVACIÓN EN EL MODELO DE NEGOCIOS?

Tradicionalmente, siempre que se habla de innovación pensamos en nuevos productos o servicios. Sin embargo, cada vez nos topamos con más empresas que innovan en la forma de ofrecerlos o de llevarlos al mercado.

Por ejemplo, usted puede vender el mismo producto que su competidor, pero si lo ofrece a un nuevo segmento de clientes, utiliza un esquema de precios diferentes, lo lleva al mercado por nuevos canales de distribución, o realiza actividades diferentes para producirlo, usted no está innovando en el producto, sino en el **modelo de negocios.**

La innovación en el modelo de negocios es, hoy por hoy, un imperativo de las empresas. Muchos de los más espectaculares desarrollos de negocio de la última década alrededor del mundo se han basado en la creación de modelos de negocio disruptivos, y no sólo en el desarrollo de productos, servicios o tecnologías.

¿Por qué deberíamos innovar en el modelo de negocios?

El modelo de negocios es la forma en que una empresa u organización **crea, entrega y captura valor**, es decir, cómo hace dinero. Esto significa que un competidor puede copiar nuestros productos o servicios, pero si no tiene el modelo de negocios adecuado, no va a producir tanto valor como nosotros.

Lo que hemos visto es que muchas empresas obtienen una ventaja competitiva y mayores utilidades al implementar un modelo de negocio superior al de sus competidores.

Según un estudio de IBM[17], las empresas que innovaron en su modelo de negocios obtuvieron mayor crecimiento en su margen operativo, durante un periodo de cinco años, que sus competidores que solamente innovaron en sus procesos o productos.

La Plantilla del Modelo de Negocios

Uno de los pioneros a nivel mundial en innovación en modelos de negocios es el consultor suizo **Alex Osterwalder**, quien creó una herramienta llamada Plantilla de Modelos de Negocio (*Business Model Canvas*[18]). Esta plantilla es un sistema de nueve bloques que articulan y describen cualquier modelo de negocios, desde un emprendimiento o idea de nuevo negocio, hasta uno de una empresa consolida en el mercado.

---

17   "Expanding the Innovation Horizon". Global CEO Study 2006. IBM Business Consulting Services.

18   Alexander Osterwalder y Yves Pigneur, "Business Model Generation: A Handbook for Visionaries, Game Changers, and Challengers".

La herramienta de Plantilla de Modelos de Negocio permite observar los nueve bloques del sistema en una sola imagen (**Propuesta de Valor, Segmentos de Cliente, Canales Distribución y Comunicaciones, Relación con los Segmentos, Flujos de Ingreso, Recursos Clave, Actividades Clave, Red de Aliados y Estructura de Costos**) y comprender las relaciones que se establecen entre cada una de las partes del modelo.

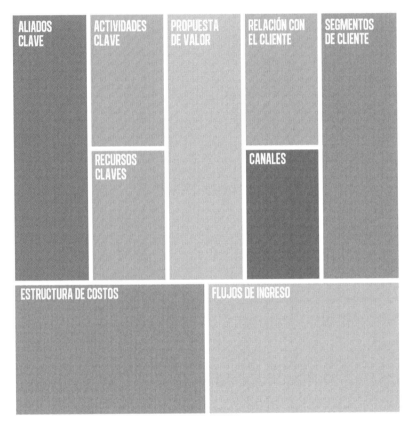

La plantilla puede imprimirse o dibujarse en una superficie amplia, de manera que los equipos de trabajo puedan utilizarla para discutir cada elemento del modelo utilizando post-its, notas o dibujos. Es una herramienta que facilita el entendimiento, la discusión, la creatividad y el análisis. En Innovare hemos logrado aplicarla con éxito para reinventar los modelos de negocio de varias empresas en América Latina.

Equipo de innovación discutiendo varias alternativas de modelos de negocios.

Flor de Caña: Exportando el mejor ron de Nicaragua hacia el mundo

En 2009, la empresa Ron Flor de Caña nos llamó para que trabajáramos un proyecto de innovación. Al principio imaginamos que la empresa quería innovar en sus productos e inventar el próximo ron. Sin embargo, pronto nos dimos cuenta que el producto de la empresa no tenía ningún problema. La empresa tenía un ron de muy alta calidad, las botellas mostraban un gran diseño y el consumidor estaba muy satisfecho con el ron que producía la empresa.

El reto de negocios que encontramos fue que la empresa no tenía claro cuál era la mejor forma de organizar su negocio con el fin de apoyar la expansión internacional de su producto. Utilizando la Plantilla de Modelos de Negocio, identificamos varias decisiones claves que debían tomarse para cumplir el objetivo trazado.

El primer reto fue decidir si se deseaba que la unidad de añejamiento de ron fuera un departamento de la empresa, o si debería convertirse en una unidad de negocios independiente que también le vendiera ron a otras empresas fabricantes. Otra decisión importante era evaluar si la empresa debería operar bajo la misma estructura la comercialización del ron y el aguardiente o si debía separarlas, ya que ambas se dirigían a segmentos de mercado muy diferentes.

El hecho de mapear todos los elementos del modelo de negocios y visualizarlos permitió concluir que lo mejor era separar la unidad de negocios de añejamiento del ron y operarla con un modelo de negocios diferente, así como crear modelos de negocios diferentes para el negocio de ron premium y el negocio de aguardientes.

De acuerdo con nuestra experiencia, el poder de la herramienta de la Plantilla del Modelo de Negocios radica en que permite visualizar problemas complejos de una forma simple y estratégica, lo que facilita la toma de decisiones importantes para el negocio de la empresa.

Si usted considera que la innovación de productos se ha vuelto una actividad que le produce retornos decrecientes, es probable que haya llegado el momento de innovar en su modelo de negocios. Este tipo de innovación se puede catalizar en su empresa utilizando la Plantilla del Modelo de Negocios.

¿QUÉ ES INNOVACIÓN EN REVERSA?

Cerramos el capítulo de tendencias con un tema que está dando muchísimo de qué hablar. Se trata de la **innovación en reversa**[19] (*"reverse innovation"*), que se puede resumir como cualquier innovación creada primero en países en vías de desarrollo, para después expandirse por el mundo industrializado.

El proceso de la innovación en reversa empieza por satisfacer las necesidades de los usuarios o clientes en países menos desarrollados, como por ejemplo, desarrollar una máquina para realizar ultrasonidos en los hospitales pobres de la India. Una vez que se han desarrollado en esos mercados, los productos se llevan a países desarrollados, lo que crea nuevos usos y mercados para dichas innovaciones.

---

19   Vijay Govindarajan y Chris Trimble, "Reverse Innovation: Create Far From Home, Win Everywhere".

> **" Muchas oportunidades de negocio surgirán primero en países en desarrollo. "**

Por ejemplo, Tata Motors, un fabricante indio de automóviles, está planeando vender una versión actualizada de su célebre modelo Nano en mercados occidentales. Se llamará Tata Europa.

Más cerca de nuestras fronteras, encontramos también el caso de Procter & Gamble, que descubrió que un remedio contra el resfrío producido a base de miel para México, también tenía un mercado rentable en Europa y Estados Unidos.

La innovación en reversa nos da esperanza de que existen oportunidades de desarrollar innovaciones adaptadas a las realidades únicas de nuestros mercados, que luego van a poder exportarse a los países desarrollados a precios muy competitivos.

■ ■ ■

Las tendencias incluidas en este capítulo son apenas pinceladas de lo que aguarda el futuro en materia de innovación. Si su empresa desea ser más innovadora, le recomendamos prestar atención e incorporar las metodologías que hemos mencionado dentro de su estrategia de innovación.

Conforme el mundo siga cambiando y transformándose, se vuelve imprescindible contar con un equipo de colaboradores que esté constantemente monitoreando el entorno, con el fin de detectar las herramientas y metodologías que pondrán a su empresa no uno, sino diez o veinte pasos adelante en la carrera por la innovación.

APÉNDICE:
METODOLOGÍAS Y HERRAMIENTAS DE INNOVACIÓN

IDENTIFICAR OPORTUNIDADES DE INNOVACIÓN

Buzón de quejas de los clientes	En su versión tradicional, el buzón de quejas es una caja o recipiente físico donde los clientes remiten sus quejas y reclamos, escritos de su puño y letra, a la Gerencia General o Departamento de Atención al Cliente. Con el auge de las nuevas tecnologías es cada vez más común que el "buzón" ceda terreno ante los formularios electrónicos, aunque muchas personas prefieren mantener el anonimato que brinda el papel.
Entrevistas individuales a clientes	Son conversaciones abiertas que se entablan con los clientes para obtener información sobre el estado actual de la experiencia del producto/servicio, que a su vez se puede revelar "insights" valiosos con miras al desarrollo de nuevas oportunidades de innovación. Las entrevistas se llevan a cabo de modo personal o telefónico, y queda a discreción de la empresa definir cómo seleccionará a los clientes, y si les brindará algún tipo de incentivo por su participación.
Grupo focal (Focus group)	Es una técnica de investigación cualitativa donde se reúne a un pequeño número de clientes guiados por un moderador que facilita las discusiones. Los participantes, generalmente escogidos al azar, hablan sobre temas que se consideran de importancia para la investigación. La reunión del grupo focal es dirigida por un moderador que utiliza una guía de discusión para mantener el enfoque (de ahí su nombre) de la reunión y el control del grupo.
Etnografía (Observación del cliente en su contexto para buscar oportunidades)	La etnografía y la antropología han demostrado ser herramientas muy útiles para entender las necesidades insatisfechas de los clientes a través de la observación. A diferencia del grupo focal, la etnografía permite observar el ambiente y contexto real en donde el cliente usa los productos o servicios de la empresa.
Estudios de mercado cuantitativos (Encuestas)	Pretenden lograr un mayor conocimiento estadístico de las necesidades del cliente, que sirve de apoyo a la toma de decisiones de innovación menos arriesgadas. Por ejemplo, cuánta gente comprará un nuevo producto, con qué frecuencia, dónde, etcétera.
Mapeo de la experiencia del cliente y sus momentos de la verdad (Customer journey)	También llamado Mapa de viaje o Customer journey, este método se enfoca en descubrir el conjunto de interacciones, ya sean físicas o digitales, que un cliente tiene con una marca u organización. Dentro del mapeo, los momentos de la verdad se definen como aquellos puntos de contacto entre un cliente y una empresa. Cada vez que una empresa interactúa con un cliente, éste vive una experiencia que puede fortalecer o debilitar la relación futura y el deseo de regresar, gastar más y recomendar.
Análisis de tendencias	El objetivo fundamental de esta herramienta es conocer el futuro a corto y mediano plazo de un fenómeno o grupo de variables. Estos estudios se focalizan en la determinación del estado actual y las tendencias de las necesidades de los clientes, del mercado, de las tecnologías y la sociedad, en general.
Análisis de patentes	En términos de innovación, los estudios o análisis de patentes se utilizan para descubrir qué han inventado otras empresas para construir sobre estas ideas o para implementar ideas cuya patente ha vencido.
Análisis de la competencia (Benchmarking)	Esta herramienta resulta de gran interés para las empresas que quieren conocer quién es su competencia y cuáles son sus estrategias, fortalezas y debilidades.

GENERAR Y EVALUAR IDEAS	**Buzón de sugerencias permanentes (de empleados)**	Muy similar al buzón de quejas, excepto que se enfoca en la detección de oportunidades de mejora a partir del conocimiento generado a lo interno por los colaboradores de la organización. No tiene un período fijo de vigencia, sino que se mantiene activo de forma permanente.
	Buzón de sugerencias permanentes (de clientes)	Muy similar al buzón de quejas, excepto que se enfoca en la detección de oportunidades de mejora a partir del conocimiento generado por los clientes de la organización. No tiene un período fijo de vigencia, sino que se mantiene activo de forma permanente.
	Concurso o campaña de ideas internas dirigido a empleados (con un reto o problema específico)	Como su nombre lo indica, a partir de la detección de un reto o problema específico se busca obtener soluciones creativas mediante un concurso, el cual puede estar abierto a alguno o todos los niveles de la empresa. Generalmente se ofrece un premio o incentivo para las mejores ideas recibidas.
	Concurso o campaña de ideas internas dirigido a clientes (con un reto o problema específico)	Mismo caso anterior, excepto que la participación se limita a clientes de la empresa. Esta es una herramienta muy utilizada en la innovación abierta. El capítulo 9 contiene más información sobre este método para innovar.
	Concurso o campaña de ideas internas dirigido a proveedores (con un reto o problema específico)	Mismo caso anterior, excepto que la participación se limita a proveedores de la empresa. Esta es una herramienta muy utilizada en la innovación abierta. El capítulo 9 contiene más información sobre este método para innovar.
	Lluvia de ideas de un equipo interno (brainstorming interno)	Una de las herramientas más populares. Consiste en una técnica para generar ideas originales basada en el supuesto de que el proceso interactivo de un grupo genera más y mejores ideas que los individuos pueden generar de forma independiente. Se lleva a cabo en un ambiente relajado, sobre un determinado asunto y aprovechando la capacidad creativa de los participantes, en este caso, equipos conformados por colaboradores de la organización.
	Lluvia de ideas con clientes (brainstorming con clientes)	Mismo caso anterior, excepto que la participación se limita a clientes de la empresa.
	Programa de emprendimiento corporativo	Esta herramienta se centra en formar un pequeño ecosistema emprendedor dentro de la empresa que impulse su crecimiento a través de la generación de nuevos negocios, que son liderados por intra-emprendedores.
	Software de captura y gestión de ideas	Acorde con los cambios del entorno, las herramientas de Tecnologías de Información y Comunicación (TICs) han ido aumentando vertiginosamente su presencia como aliadas de la innovación en las empresas. Más adelante encontrará un apartado completo sobre estas herramientas.
	Uso de un facilitador o consultor de innovación externo	Como su nombre lo indica, se emplea a un asesor externo por un período determinado para que acompañe al equipo involucrado con los proyectos de innovación en las diversas etapas. Muchas veces actúa como facilitador en las sesiones de "brainstorming" y otras herramientas específicas de creatividad y metodologías para innovar, que se analizarán a continuación.

261

HERRAMIENTAS DE CREATIVIDAD (ESPECÍFICAS)		
Mapas mentales (Tony Buzan)	Esta herramienta permite realizar Mapas mentales o Mind maps para organizar mejor las ideas y estimular el pensamiento no-lineal. Los mapas mentales, al ser una herramienta gráfica, promueven el uso del hemisferio derecho de nuestro cerebro, el cual está asociado con el pensamiento visual y el pensamiento creativo.
SCAMPER	El SCAMPER es una lista de preguntas que estimulan las ideas. Fue sugerida por Bob Eberle, quien uso el mnemónico SCAMPER como mecanismo de memorización. S= ¿Sustituir? C = ¿Combinar? A = ¿Adaptar? M = ¿Modificar? O ¿Magnificar? P = ¿Poner (put) para otros usos? E = Eliminar R = ¿Reordenar? o ¿Invertir?
Pensamiento lateral (Edward De Bono)	El Pensamiento lateral es un término acuñado por el psicólogo y escritor maltés Edward de Bono como un conjunto de técnicas para provocar el pensamiento divergente. Esta técnica permite generar ideas más originales y creativas para enfrentar los retos que usted tiene en su trabajo diario.
Los 6 sombreros para pensar (Edward De Bono)	El objetivo de la herramienta del Pensamiento de los 6 sombreros es poner en perspectivas distintas lo que se esté analizando, sea éste un objeto, un proceso, una situación o un problema. Son seis perspectivas que actúan de manera complementaria con el fin de lograr un mejoramiento, resolución o mejor decisión.
Estímulos aleatorios	Se trata del simple arte de encontrar a una persona, un lugar, un dibujo o un elemento de estímulo escogido al azar que nada tenga que ver con su reto de negocios y después establecer un vínculo deliberadamente para generar una idea creativa.
TRIZ	El pensamiento inventivo sistemático (TRIZ) es un método para encontrar soluciones creativas de forma estructurada. Se basa en las investigaciones desarrolladas por el ingeniero ruso Genrich Altshuller, quien investigó más de 200.000 patentes y descubrió que todas ellas seguían una serie de patrones similares. Altshuller organizó estos patrones alrededor de una serie de principios y creó una técnica a la que nombró TRIZ (Teoría de Resolución Inventiva de Problemas). Se diferencia de otros métodos de creatividad en que está basado en ciertos patrones de pensamiento que históricamente han llevado a otras personas a pensar de forma creativa. Es por esto que esta técnica produce una lista más corta y más aplicable de ideas.
Cuestionar o eliminar supuestos	Se emplea para formular preguntas, particularmente aquellas que cuestionen el status quo de la organización y se plantean "qué pasaría si hacemos algo diferente". El cuestionar o eliminar supuestos permite romper límites mentales para encontrar nuevas soluciones a los problemas.
Redefinir el problema (inventar nuevos problemas a partir de uno específico)	Es una herramienta para traducir un problema en nuevos problemas. Al redefinir el problema se puede llegar a múltiples versiones del mismo antes de darle una solución concreta. Esto permite replantear el problema desde ópticas muy diferentes.

HERRAMIENTAS DE INNOVACIÓN (ESPECÍFICAS)		
	Usuarios líderes (Lead user method - Eric von Hippel)	Los lead users son definidos como usuarios propensos a innovar porque van por delante de las tendencias de su mercado y tienen necesidades más avanzadas que el usuario medio. La metodología fue desarrollada por **Eric von Hippel** del M.I.T. en colaboración con la empresa **3M** y se compone de una serie de fases que convierten la difícil labor de crear productos innovadores a partir de la identificación y el aprendizaje de los usuarios líderes.
	Pensamiento de Diseño (Design Thinking - David Kelley)	Design Thinking es un término acuñado por la consultora en innovación y diseño **IDEO** (www.ideo.com) y profesionales de la **Universidad de Stamford** (www.stanford.edu), para referirse a un proceso metodológico de resolución de problemas.Uno de los aspectos más importantes del Design Thinking es la localización en los aspectos humanos o de los usuarios, como punto de partida a un proceso que considerará también los aspectos tecnológicos (factibilidad) y los aspectos del negocio (viabilidad). Para más información sobre esta metodología, consulte el capítulo 9.
	Innovación orientada a resultados (Outcome Driven Innovation - Clayton Christensen & Anthony Ulwick)	Este método se basa en que el cliente no compra productos o servicios sino que los "contrata" para llevar a cabo una tarea (job) en su vida. Esta herramienta permite identificar las tareas que el cliente quiere realizar y definir los resultados esperados para cada características del producto.
	Innovación Disruptiva (Clayton Christensen)	La innovación disruptiva describe un proceso mediante el cual un producto o servicio se cimienta inicialmente en aplicaciones simples en la parte más baja de un mercado y después comienza a subir de forma implacable, desplazando eventualmente a los competidores ya existentes. Una innovación que es disruptiva permite que una nueva población de consumidores tengan acceso a un producto o servicio que históricamente solo era accesibles a consumidores con mucho dinero o habilidades.
	Los 4 Lentes de la innovación (Peter Skarzynski & Rowan Gibson)	Esta herramienta permite buscar oportunidades de innovación sistemáticamente utilizando los 4 lentes de innovación que son: 1) Cuestionar creencias, 2) Detectar tendencias, 3) Descubrir las necesidades insatisfechas de los clientes y 4) Aprovechar competencias.
	Estrategia de Océano Azul (W. Chan Kim & Renee Mauborgne)	El marco conceptual de la Estrategia de Océano Azul ha demostrado ser muy poderoso para encontrar oportunidades de crecimiento rentable (Océanos Azules). Esta herramienta ayuda a definir la curva de valor del cliente con el propósito de encontrar oportunidades de diferenciarse de la competencia y crecer rentablemente.
	Innovación en el Modelo de Negocios (Alexander Osterwalder)	La innovación del modelo de negocios se enfoca en la manera en la que una empresa se organiza para crear valor y por lo tanto, generar ingresos. **Alexander Osterwalder** ha creado uno de los marcos conceptuales más importantes para innovar en el modelo de negocios de una empresa, considerando elementos como los segmentos de mercado, la propuesta de valor, las relaciones con los clientes, los canales de distribución, la forma como se cobra por el producto, los procesos clave, los recursos clave, las alianzas estratégicas y la estructura de costos de la empresa. Para más información, consulte el capítulo 9.
	Innovación abierta (Henry Chesbrough)	Es una nueva estrategia de innovación bajo la cual las empresas van más allá de los límites internos de su organización para buscar ideas fuera de la empresa a través de alianzas con organizaciones externas. Para más información, consulte el capítulo 9.
	Co-creación con clientes (Venkat Ramaswamy & Francis Gouillart)	La co-creación es un nuevo paradigma de innovación que consiste, esencialmente, en la participación directa del cliente en el proceso de innovación. La idea clave es que involucrando a los clientes -y a otros actores- en nuestros procesos, seremos capaces de crear nuevos productos y servicios que se adapten mejor a sus necesidades. Para más información, consulte el capítulo 9.
	Innovación orientada al diseño (Design driven innovation - Roberto Verganti)	Esta metodología sostiene que las innovaciones radicales no vienen de preguntarle al cliente qué es lo que quiere, sino de hacerle propuestas basadas en una nueva visión del futuro. Empresas líderes que han empleado este enfoque compiten mediante productos y servicios que tienen un nuevo y radical significado. El mercado no los ha solicitado, pero cuando los ve, no puede resistirse a comprarlos.

TECNOLOGÍAS DE INFORMACIÓN Y COMUNICACIÓN		
	Aplicaciones para vigilancia del entorno y las tendencias (sitios de coolhunting, Twitter, Google alerts, otras)	Las suscripciones RSS (*Rich Site Summary*) y el establecimiento de términos de alerta (como Google alerts) son de enorme utilidad para seguirle la pista a un tema específico. La clave está en seleccionar las fuentes adecuadas para garantizar contenido de primera calidad, fresco y relevante.
	Aplicaciones de brainstorming en línea (Webstorm, Mindmeister, otras)	Existe una enorme variedad de sitios que facilitan la realización de sesiones de brainstorming en línea en tiempo real. Por lo general, emplean una interfase desde la cual se puede establecer una comunicación directa con los participantes para debatir sobre las sugerencias realizadas y hacer una gestión de todo el conocimiento recibido.
	Aplicaciones de captura y evaluación de ideas (Imaginatik, Hype, Spigit, Brightidea, otras)	Las buenas ideas pueden aparecer cuando uno menos lo espera. Por eso, es aconsejable contar con herramientas que faciliten la captura y posterior evaluación de las ideas, en cualquier momento y lugar. Actualmente existen numerosas opciones para realizar dicha labor, tanto en ambientes de computadoras personales como de tecnología móvil.
	Portales o Intranet de contenido sobre innovación (noticias, campañas de ideas, artículos, etc.)	Ya sea en sitios de Internet o en la Intranet particular de la organización, es posible publicar y consultar contenido actualizado sobre innovación. Los artículos y noticias representan la mayor parte de este flujo informativo y su objetivo es inspirar a las personas de la organización a innovar.
	Herramientas colaborativas para capturar y compartir el conocimiento (Wikis, Brainkeeper, otras)	La innovación generalmente surge de la colaboración y el intercambio de conocimientos de diferentes disciplinas. Las nuevas herramientas informáticas que le permiten a la gente colaborar, intercambiar y gestionar conocimientos apoyan enormemente el proceso de innovación.
	Herramientas colaborativas para capturar y sistematizar opiniones (blogs, foros)	Las comunidades de entusiastas alrededor de un tema común o pasión dentro de una empresa son una fuente de ideas innovadoras que las empresas potencian con las nuevas herramientas tecnológicas, como blogs y foros en línea.
	Redes sociales para apoyar la innovación (Facebook, LinkedIn, Chatter, otras)	Al igual que sucede con las aplicaciones de vigilancia del entorno, las redes sociales pueden ser un gran apoyo para dar seguimiento a empresas, tendencias y figuras líderes en el ámbito de la innovación. LinkedIn, por ejemplo, ofrece numerosas opciones de grupos donde se comparte y discute contenido referente a innovación, con la posibilidad de limitar según ámbito geográfico, industria, género, etc. Redes como Chatter permiten crear redes sociales internas dentro de las empresas para colaborar alrededor de proyectos de innovación
	Aplicaciones de gestión de proyectos y portafolios de innovación (Microsoft Project, @Task, otras)	Cada día más empresas optan por gestionar sus iniciativas de innovación mediante aplicaciones especializadas, de manera que logran llevar un control riguroso del avance, los recursos, el cronograma y otros puntos esenciales de la ejecución de los proyectos, con fácil acceso para todos los miembros del equipo.
	Aplicaciones para la medición y desarrollo de las competencias de los innovadores (Talent Management Systems)	El debate sobre si los innovadores nacen o se hacen está más vivo que nunca, sin embargo, muchos expertos concuerdan en que el perfil innovador se puede obtener mediante un balance adecuado entre ambos enfoques, con base en el desarrollo de un conjunto clave de competencias. Esta herramienta provee software especializado para llevar a cabo dicha labor.
	Capacitación virtual (e-Learning) para fortalecer la cultura de innovación	El e-Learning o aprendizaje en línea es la herramienta más rápida y económica para mantener capacitado al capital humano de una organización, y brinda una solución simple, económica y efectiva al problema de la falta de tiempo, costos de viaje y otros requerimientos propios de la capacitación presencial.
	Películas virtuales	Esta herramienta consiste en la proyección de material audiovisual relacionado con el tema de la innovación para inspirar a las personas de la empresa a innovar. Puede tratarse de películas, documentales o reportajes que logren evocar el espíritu innovador en el personal de la organización, ya sea mediante acceso gratuito o el pago de una membresía.

DESPEDIDA Y CIERRE

Al llegar a este punto, no nos queda más que agradecer a todas las personas que formaron parte de nuestra aventura literaria.

A quienes confiaron en el proyecto desde el comienzo, a quienes nos ayudaron a mejorar con su crítica honesta y constructiva, a quienes se encargaron de correr la voz entre sus colegas a través de correos y redes sociales: **GRACIAS**.

Y desde luego, a usted, amigo lector, por animarse a aprender sobre un tema que ya no es optativo, sino una necesidad estratégica para sobrevivir en el entorno actual de negocios.

Esperamos que el libro se convierta en una fuente de consulta permanente por las personas encargadas de liderar los esfuerzos de innovación en la empresa.

Le invitamos a aprovechar los conocimientos del libro para mejorar la calidad de vida de todas las personas que habitamos en esta región del mundo, tan única, tan nuestra.

Recuerde que tenemos el talento, los recursos y las ganas para crear la próxima gran innovación. Simplemente nos la tenemos que creer.

Usted puede seguir la conversación y discusión sobre cada capítulo del libro en:

www.librodeinnovacion.com

MARIO MORALES

Mario Morales es un experto internacional reconocido en temas de innovación y creatividad. Estudió Ingeniería Industrial en la Universidad de Costa Rica y obtuvo un MBA del INCAE Business School.

A partir de su trabajo como fundador y CEO de Innovare, ha sido pionero en América Latina en ayudar a las empresas a innovar de forma sistemática y a desarrollar propuesta de valor únicas que generan una ventaja competitiva.

Destaca por su capacidad para motivar a los ejecutivos a cuestionar paradigmas, pensar de forma diferente y ver nuevas oportunidades en sus mercados.

Trabajó como investigador en el Centro Latinoamericano para la Competitividad y Desarrollo Sostenible del INCAE y es profesor invitado de los programas de desarrollo ejecutivo del INCAE en las áreas de Innovación y Creatividad desde hace más de diez años.

Ha asesorado a numerosas empresas en la implementación de programas de innovación como Kraft, Intel, HSBC, P&G, Roche, Bayer y Banco de Bogotá, entre otras.

Actualmente participa como miembro de Juntas Directivas de diversas empresas de la región en los sectores de tecnología y servicios.

ANGÉLICA LEÓN

Angélica León es comunicadora graduada de la Universidad de Costa Rica con un posgrado en Creatividad y Estrategia Digital de la Universidad Autónoma de Barcelona.

Apasionada por la intersección entre tecnología, comunicación y aprendizaje, encontró su trabajo soñado en Innovare, donde tiene a cargo el diseño y la ejecución de estrategias de mercadeo digital.

En años anteriores adquirió una vasta experiencia en proyectos de nuevas tecnologías aplicadas a la educación, para clientes como Toyota, Cemex, Fundes, Chiquita Brands, BAC Credomatic, Junior Achievement y FC Barcelona. También se ha desempeñado en labores de copywriting y posicionamiento web para empresas de software y consumo masivo.

Angélica es fiel creyente de la difusión del conocimiento como motor de desarrollo social y empresarial.

En 2010 asumió el reto de editar y co-escribir junto a Mario Morales el primer libro sobre innovación enfocado en América Latina.

innovare

ES UNA FIRMA DE CONSULTORÍA
EXPERTA EN INNOVACIÓN

Fue fundada en el año 2000 por Mario Morales para apoyar a las empresas latinoamericanas a sistematizar sus esfuerzos de innovación.

Innovare se ha diferenciado por su enfoque práctico para innovar y por contar con las metodologías más avanzadas del mercado. Dentro de sus clientes se encuentran HSBC (México), Corona (México), 3M (México), Pollo Campero (Guatemala), Telefónica (El Salvador), Intel (Costa Rica), Alimentos Prosalud (Costa Rica), Grupo Gruma (Centroamérica), Banco de Bogotá (Centroamérica y Colombia), Canal de Panamá, Interbank (Perú) y Cargill (Argentina), entre muchas otras.

Innovare es fundadora del Club de la Innovación de Costa Rica y co-fundadora del Club de la Innovación de Colombia.

Visite **www.quieroinnovar.com** para obtener más información.

RECONOCIMIENTOS

Escribir este libro no hubiera sido posible sin el aporte de las siguientes personas, que desde su experiencia en distintas áreas de la innovación enriquecieron sustancialmente el contenido de los capítulos:

Amalio Rey • Yuri Kogan • Geovanny Romero • Mauricio Archila
Juan Martín Torres • Juan Pedro Reyes • Luis Víctor Presas
Eduardo Albalá • Fernando Pérez

Agradecemos también a quienes que nos aportaron su tiempo y criterio profesional en la revisión general del manuscrito:

María Alexandra Sancho • Hernán Castellanos
María Cristina Córdova • Patricia Tenorio
Anabelle Sánchez

Y a todos aquellos que con sus comentarios, preguntas y ejemplos ayudaron a convertir "Adiós a los Mitos de la Innovación" en un libro escrito por y para latinoamericanos:

Jimmy Figueroa • Mario Morales Villalobos • Guillermo Velásquez • Nathalie Vélez
Marcela Alfaro • Cynthia Scott • José Miguel Gaitán Gilberto Quesada
Roxana Brizuela • Juan Carlos Vidal • Diego Rodríguez Bastías
Héctor Chávez Gándara • Jamilette Pérez • Dennis Rodríguez • Héctor Ávila
Jhonny Atila • Humberto Cadavid • Onix Ortiz • Claudio Monge Villalobos
Carlos Navarro Piedra • Peter Pachón • Jorge Iván Bonilla • Oscar Ayal
Luis Jiménez Silva • Fabián Proaño • Raúl Hernández • Eduardo García Gómez
Esteban Cairol • Álvaro Turriago Hoyos Margarita Nieves • Jesús Alberto Díaz
Ricardo Alcázar • Oscar Isoba • Mariana Bernal • Batia Deutsch

Made in the USA
Charleston, SC
23 January 2015